Italienisch

für die Reise

Die wichtigsten Wörter & Sätze für unterwegs

Bisher sind in dieser Reihe erschienen:

- Sprachführer Englisch für die Reise
- Sprachführer Französisch für die Reise
- Sprachführer Italienisch für die Reise
- Sprachführer Spanisch für die Reise

Bildnachweis
fotolia: goodluz 9; Lev 33; Deklofenak 59; Butch 173; Bombaert Patrick 241; nikitos77 246; nito 246; Africa Studio 247; Alexander Raths 247; Anna Kucherova 248; gtranquillity 248; oksix 248; picsfive 248, 249; Dmytro Sukharevskyy 249; Friedberg 249; gavran333 249; Marius Graf 249; DAN 250; Monika 3 Steps Ahead 250, 251; Ariwasabi 252, 253; Mirko Raatz 255; Tom Bird 255 **iStockphoto:** John Pavel 107; traveler1116 127; Henrik Jonsson 256 **shutterstock:** Phil Date 81; SurangaWeeratunga 133; juan ignacio laboa 155; Dudarev Mikhail 181; D7INAMI7S 242–245; Elena Schweitzer 244, 245; Picsfive 246; Ami Parikh 246, 247; Dmitrij Skorobogatov 247; Feng Yu 247; Smit 246, 247; Jaroslaw Grudzinski 248; studioVin 250; vovan 250; monika3steps 250, 251; Alexlukin 251; gbautista87 251; Abramova Kseniya 254; photomaster 254, 255; panbazil 254, 255
Icons Cover: joingate; Icons Kolumne: VectorForever

© Compact Verlag GmbH
Baierbrunner Straße 27, 81379 München
Ausgabe 2016
5. Auflage

Text: Mike Hillenbrand, Laura Marini, Caterina Pietrobon
Redaktion: Isabella Bergmann
Fachkorrektur: Alessandra Felici Puccetti, Valerio Vial
Produktion: Ute Hausleiter
Titelabbildungen: shotshop: Hans Eder; fotolia: K.C.
Umschlaggestaltung: X-Design, München

ISBN 978-3-8174-8841-4
381748841/5

www.compactverlag.de

Inhaltsverzeichnis

Lautschrift

Beachten Sie, dass die Betonung fast immer auf der vorletzten Wortsilbe liegt (z. B. parlare [par'la:re]). Steht am Wortende ein Vokal mit Akzent, so liegt die Betonung auf diesem Vokal (z. B. città [tʃit'ta]).

Konsonanten

Ball	b	banco
dort	d	dente
	dz	zona
	dʒ	gennaio, giorno
fliehen, vor	f	fede
geben	g	gamba, ghiaccio
Kamm, Chor	k	carta, chiave quando
Lob	l	lago
	ʎ	maglia
Maus	m	mano
nehmen	n	naso
	ɲ	gnomo
angeln, links	ŋ	fungo
Post	p	pane
Rand	r	ramo
besser, Ruß	s	sala
schwierig	ʃ	scendere, scialle
treten, Pfad	t	tasto
	ts	zio
	tʃ	cibo, ciotola
weben, Vase	v	vento, wafer
Hose	z	svuotare

Vokale

blass	a	alto, eternità
Bahn, Saal	a:	andare
egal	e	estivo
Weh, See	e:	sera
hätte, fett	ɛ	essere, cioè
Säge	ɛ:	bene
Vitamin	i	infine
Liebe	i:	infine
Moral	o	volere
Boot, Ton	o:	sole
von	ɔ	lotta, ciò
	ɔ:	moda
Zunge	u	dubbio, insù
Zug	u:	muro

Nasale

Orange	ã	collant

Bitte!	**Prego!**	[ˈpreːgo]
Danke!	**Grazie!**	[ˈgrattsie]
Ja!	**Sì!**	[si]
Nein!	**No!**	[nɔ]
Vielleicht!	**Forse!**	[ˈforse]
Natürlich!	**Naturalmente!**	[naturalˈmente]
Guten Morgen!	**Buongiorno!**	[buonˈdʒorno]
Guten Tag!	**Buongiorno!**	[buonˈdʒorno]
Guten Abend!	**Buonasera!**	[buonaˈseːra]
Gute Nacht!	**Buonanotte!**	[buonaˈnɔtte]
Hallo!	**Ciao!**	[ˈtʃaːo]
Wie geht es?	**Come stai?**	[ˈkoːme ˈstai]
Schön, Sie zu sehen!	**Che bello vederLa!**	[ke ˈbɛllo veˈderla]
Tschüss!	**Ciao!**	[ˈtʃaːo]
Auf Wiedersehen!	**Arrivederci!**	[arriveˈdertʃi]
Bis bald!	**A presto!**	[a ˈpresto]
Bis morgen!	**A domani!**	[a doˈmaːni]
Ich verstehe nicht.	**Non capisco.**	[non kaˈpiːsko]
Wie bitte?	**Come scusi?**	[ˈkoːme ˈskuːzi]
Ich habe verstanden.	**Ho capito.**	[ɔ kaˈpiːto]
Ich spreche kein ...	**Non parlo ...**	[non ˈparlo ...]
Sprechen Sie bitte langsamer.	**Per favore, parli più lentamente.**	[per faˈvoːre ˈparli ˈpiu lentaˈmente]
Ich kann Ihnen nicht folgen.	**Non riesco a seguirLa.**	[non ˈriɛːsko a seˈguirla]
Können Sie das noch einmal wiederholen?	**Può ripeterlo ancora una volta?**	[ˈpuɔ riˈpeːteːlo aŋˈkoːra ˈuːna ˈvɔlta]
Könnten Sie mir das bitte aufschreiben?	**Può scrivermelo per favore?**	[ˈpuɔ ˈskriːvermelo per faˈvoːre]
Entschuldigung.	**Scusi.**	[ˈskuːzi]
Das tut mir leid.	**Mi dispiace.**	[mi disˈpiaːtʃe]
Macht nichts!	**Non fa niente!**	[non fa ˈniɛnte]
Zum Flughafen.	**All'aeroporto.**	[allaeroˈpɔrto]

Zum Hotel ..., bitte.	**All'albergo ..., per favore!**	[alla'bɛrgo ... per fa'vo:re]
Mein Name ist ...	**Il mio nome è ...**	[il ˈmi:o ˈno:me ɛ ...]
Ich brauche ...	**Ho bisogno di ...**	[ɔ bi'zoɲɲo di ...]
Ich möchte ...	**Vorrei ...**	[vor'rɛ:i ...]
Ich hätte gerne eine Fahrkarte nach ...	**Vorrei un biglietto per ...**	[vor'rɛ:i un biʎ'ʎetto per ...]
Ich möchte einen Tisch reservieren.	**Vorrei prenotare un tavolo.**	[vor'rɛ:i preno'ta:re un 'ta:volo]
Ich bin hungrig/durstig.	**Ho fame/sete.**	[ɔ 'fa:me/'se:te]
Die Rechnung, bitte!	**Il conto, per favore!**	[il 'konto per fa'vo:re]
Ich möchte ... Euro wechseln.	**Vorrei cambiare ... euro.**	[vor'rɛ:i kam'bia:re ... 'ɛuro]
Ich möchte gerne einen Stadtplan.	**Vorrei una pianta della città!**	[vor'rɛ:i una pi'anta della tʃit'ta]
Ich möchte ... besichtigen.	**Vorrei visitare ...**	[vor'rɛ:i vizi'ta:re ...]
Geben Sie mir bitte etwas gegen ...	**Per favore, mi dia qualcosa contro ...**	[per fa'vo:re mi 'di:a kual'kɔ:sa kontro ...]
Herzlichen Glückwunsch!	**Congratulazioni!**	[koŋgratulat'tsio:ni]
Guten Appetit!	**Buon appetito!**	['buɔn appe'ti:to]
morgen	**domani**	[do'ma:ni]
gestern	**ieri**	['iɛ:ri]
geradeaus	**d(i)ritto**	['d(i)ritto]
rechts	**a destra**	[a 'dɛ:stra]
links	**a sinistra**	[a si'nistra]
hinten	**dietro**	['diɛ:tro]
vorne	**davanti**	[da'vanti]
oben	**sopra**	['so:pra]
unten	**sotto**	['sotto]
nah	**vicino**	[vi'tʃi:no]
weit	**lontano**	[lon'ta:no]

Wichtige Fragen

Sprechen Sie Deutsch?	**Parla tedesco?**	[ˈparla teˈdesko]
Verstehen Sie Deutsch?	**Capisce il tedesco?**	[kaˈpiːʃe il teˈdesko]
Wie heißen Sie?	**Come si chiama?**	[ˈkoːme si ˈkiaːma]
Was bedeutet das?	**Che cosa significa questo?**	[ke ˈkɔːza siɲˈɲiˑfika ˈkueːsto]
Können Sie mir helfen?	**Mi può aiutare?**	[mi ˈpuɔ aiuˈtaːre]
Ist ... da?	**C'è ...?**	[tʃɛ ...]
Wie viel Uhr ist es?	**Che ore sono?**	[ke oːre ˈsoːno]
Wie komme ich nach ...?	**Come vado a ...?**	[ˈkoːme ˈvaːdo a ...]
Wo ist die nächste Tank-stelle?	**Dov'è il distributore di benzina più vicino?**	[doˈvɛ il distribuˈtoːre di benˈdziːna ˈpiu viˈtʃiːno]
Welche Linie fährt nach ...?	**Quale linea va a ...?**	[ˈkuale ˈliːnea va a ...]
Wo ist das Hotel ...?	**Dov'è l'albergo ...?**	[doˈvɛ lalˈbɛrgo ...]
Haben Sie noch ein Zimmer frei?	**Ha una camera libera?**	[a ˈuna ˈkaːmera ˈliːbera]
Wie lange haben Sie geöffnet?	**Fino a quando siete aperti?**	[ˈfiːno a ˈkuando ˈsieːteˑaˈpɛrti]
Wo ist der nächste Geld-automat?	**Dov'è il bancomat più vicino?**	[doˈvɛ il ˈbaŋkomat piu vitˈʃiːno]
Was kostet der Eintritt?	**Quanto costa l'entrata?**	[ˈkuanto ˈkoːsta lenˈtraːta]
Ist das der Weg nach ...?	**È la strada per ...?**	[ɛ la ˈstraːda per ...]
Wann?	**Quando?**	[ˈkuando]
Warum?	**Perché?**	[perˈke]
Was?	**Che cosa?**	[ke ˈkɔːsa]
Welche/r/s?	**Quale?**	[ˈkuaːle]
Wer?	**Chi?**	[ki]
Wie?	**Come?**	[ˈkoːme]
Wo?	**Dove?**	[ˈdoːve]
Woher?	**Di/Da dove?**	[di/da ˈdoːve]

Wohin?	**Dove?**	['do:ve]
Wie lange?	**Per quanto tempo?**	[per 'kuanto 'tɛmpo]
Haben Sie ...?	**Lei ha ...?**	['lɛːi a ...]
Wo steht ...?	**Dov'è ...?**	[do'vɛ ...]
Was kostet ...?	**Quanto costa ...?**	['kuanto 'koːsta ...]
Kennen Sie einen Arzt/ Kinderarzt?	**Conosce un dottore/ pediatra?**	[ko'noʃʃe un dot'toːre/ pe'dia:tra]
Wo ist das nächste Polizeirevier?	**Dov'è la stazione di polizia più vicina?**	[do'vɛ la stat'tsio:ne di polit'tsi:a 'piu vi'tʃi:na]
Können Sie mir ein Taxi rufen?	**Mi può chiamare un taxi?**	[mi 'puɔ kia'maːre un 'ta:xi]
Wo sind hier die Toiletten?	**Dov'è il bagno?**	[do'vɛ il 'baɲɲo]

Für den Notfall

Achtung/Vorsicht!	**Attenzione!**	[atten'tsio:ne]
Stopp!	**Stop!**	[stɔp]
Hilfe!	**Aiuto!**	[a'iu:to]
Feuer!	**Fuoco!**	['fuɔ:ko]
Polizei!	**Polizia!**	[polit'tsi:a]
Rufen Sie einen Arzt!	**Chiami un medico!**	['kia:mi un 'mɛːdiko]
Rufen Sie einen Kranken- wagen!	**Chiami un'ambulanza!**	['kia:mi unambu- 'lantsa]
Rufen Sie die Polizei!	**Chiami la polizia!**	['kia:mi la polit'tsi:a]
Diesem Mann/Dieser Frau geht es nicht gut!	**Quest'uomo/Questa donna non sta bene!**	['kuɛst 'uɔːmo/ 'kueːsta 'dɔnna non sta 'bɛːne]
Ich bin bestohlen worden!	**Sono stato/a derubato/a!**	['soːno 'sta:to/a deru'ba:to/a]
Ich habe ... verloren.	**Ho perso ...**	[ɔ 'pɛrso ...]

Sprechen & Verstehen

Guten Morgen!	**Buongiorno!**	[buon'dʒorno]
Guten Tag!	**Buongiorno!**	[buon'dʒorno]
Guten Abend!	**Buonasera!**	[buona'seːra]
Gute Nacht!	**Buonanotte!**	[buona'nɔtte]
Hallo!	**Ciao!**	['tʃaːo]
Darf ich bekannt machen?	**Posso presentarvi?**	['pɔsso presen'tarvi]
Freut mich.	**Piacere!**	[pia'tʃeːre]
Wie geht es Ihnen?	**Come sta?**	['koːme sta]
Gut, danke. Und Ihnen?	**Bene, grazie. E Lei?**	['bɛːne 'grattsie e 'lɛːi]
Wie heißen Sie?	**Come si chiama?**	['koːme si 'kiaːma]
Mein Name ist …	**Il mio nome è …**	[il 'miːo 'noːme ɛ …]
Ich heiße …	**Mi chiamo …**	[mi 'kiaːmo …]
Ich komme aus …	**Vengo da …**	['vɛŋgo da …]

Woher kommen Sie?	**Di dov'è Lei?**	[di do'vɛ 'lɛːi]
Wie lange bleiben Sie?	**Quanto resta?**	['kuanto 'resta]
Sind Sie zum ersten Mal hier?	**È la prima volta che viene qui?**	[ɛ la 'priːma 'vɔlta ke 'viɛːne 'kui]
Viel Vergnügen!	**Buon divertimento!**	['buɔn diverti'mento]
Ich wünsche Ihnen einen angenehmen Aufenthalt!	**Le auguro un piacevole soggiorno!**	[le 'auguːro un pia'tʃeːvole sod'dʒorno]
Grüßen Sie/Grüß ... von mir.	**Saluti/Saluta ... da parte mia.**	[sa'luːti/sa'luːta ... da 'parte 'miːa]
Kommen Sie wieder (zu uns).	**Venga di nuovo a trovarci!**	['vɛnga di 'nuɔːvo a tro'vartʃi]
Wir sehen uns später!	**Ci vediamo dopo!**	[tʃi ve'diaːmo 'doːpo]
Auf Wiedersehen!	**Arrivederci!**	[arrive'dertʃi]
Tschüss!	**Ciao!**	['tʃaːo]
Alles Gute!	**Auguri!**	[au'guːri]
Bis morgen!	**A domani!**	[a do'maːni]

anrufen	**telefonare**	[telefoˈnaːre]
Dame	**signora** *f*	[siɲˈɲoːra]
Frau	**signora** *f*	[siɲˈɲoːra]
Fräulein	**signorina** *f*	[siɲɲoˈriːna]
Freund	**amico** *m*	[aˈmiːko]
Freundin	**amica** *f*	[aˈmiːka]
gehen	**andare**	[anˈdaːre]
grüßen	**salutare**	[saluˈtaːre]
Gruß	**saluto** *m*	[saˈluːto]
Herr	**signore** *m*	[siɲˈɲoːre]
kennenlernen	**conoscere**	[koˈnoːʃere]

Die Grußformel „ciao" benutzt man nur, wenn man den Ange-
sprochenen duzt. In förmlichen Situationen ist ein „buongiorno"
(Guten Tag) angebracht.

kommen	**venire**	[veˈniːre]
Mann	**uomo** *m*	[ˈuɔːmo]
Nachname	**cognome** *m*	[koɲˈɲoːme]
Name	**nome** *m*	[ˈnoːme]
Sohn	**figlio** *m*	[ˈfiʎʎo]
Tag	**giorno** *m*	[ˈdʒorɲo]
Tochter	**figlia** *f*	[ˈfiʎʎa]
umarmen	**abbracciare**	[abbratˈtʃaːre]
verabreden	**concordare**	[koŋkorˈdaːre]
verabschieden	**salutare**	[saluˈtaːre]
vergessen	**dimenticare**	[dimentiˈkaːre]
Vorname	**nome** *m*	[ˈnoːme]
wiederkommen	**ritornare**	[ritorˈnaːre]

Wie bitte?	**Come scusi?**	[ˈkoːme ˈskuːzi]
Ich habe nicht alles verstanden.	**Non ho capito tutto.**	[non ɔ kaˈpiːto ˈtutto]
Ich bin ... Jahre alt.	**Ho ... anni.**	[ɔ ... ˈanni]
Ich bin Deutsche(r).	**Sono tedesco/a.**	[ˈsoːno teˈdesko/a]
Ich arbeite als Lehrer, Beamter, Maler, ...	**Sono insegnante, impiegato, pittore, ...**	[ˈsoːno insegˈɲante impjeˈgaːto pitˈtoːre ...]
Sprechen Sie Deutsch?	**Lei parla tedesco?**	[ˈlɛi ˈparla teˈdesko]
Verstehen Sie mich?	**Mi capisce?**	[mi kaˈpiːʃe]
Ich verstehe Sie nicht.	**Non La capisco**	[non la kaˈpiːsko]
Könnten Sie das für mich bitte übersetzen?	**Può tradurlo per me, per favore?**	[ˈpuɔ traˈdurlo per me per faˈvoːre]
Könnten Sie mir das bitte aufschreiben?	**Può scrivermelo, per favore?**	[ˈpuɔ ˈskriːvermelo per faˈvoːre]
Bitte sprechen Sie etwas langsamer.	**Parli più lentamente, per favore.**	[ˈparli ˈpiu lentaˈmente per faˈvoːre]

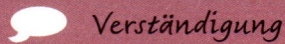

Können Sie mir helfen?	**Mi può aiutare?**	[mi ˈpuɔ aiuˈtaːre]
Buchstabieren/Wiederholen Sie das bitte.	**Può ripetere lettera per lettera, per favore?**	[ˈpuɔ riˈpɛːtere ˈlɛttera per ˈlettera per faˈvoːre]
Was bedeutet das?	**Che cosa significa questo?**	[ke ˈkɔːza siɲˈɲifika ˈkueːsto]
Was heißt … auf Deutsch/Italienisch?	**Come si dice … in tedesco/italiano?**	[ˈkoːme si ˈdiːtʃe … in teˈdesko/itaˈliaːno]
Wie spricht man dieses Wort aus?	**Come si pronuncia questa parola?**	[ˈkoːme si proˈnuntʃa ˈkueːsta paˈrɔːla]
Herzlichen Glückwunsch!	**Congratulazioni!**	[koŋgratulatˈtsioːni]
Das ist eine gute Nachricht!	**Questa sì che è una bella notizia!**	[ˈkuesta si ke ɛ ˈuːna ˈbɛlla noˈtittsia]
Das tut mir wirklich sehr leid.	**Mi dispiace davvero molto.**	[mi diˈspiaːtʃe davˈvero ˈmolto]
Ich wünsche gutes Gelingen!	**Le auguro molto successo!**	[le ˈauguro ˈmolto sutˈtʃesso]

Alles Gute für die Zukunft!	**In bocca al lupo per il futuro!**	[in ˈbokka al ˈluːpo per il fuˈtuːro]
Das ist mir peinlich.	**Mi vergogno.**	[mi verˈɡoɲɲo]
Es ist bedauerlich, dass ...	**È spiacevole che ...**	[ɛ spiaˈtʃeːvole ke ...]
Es tut mir leid.	**Mi dispiace.**	[mi disˈpiaːtʃe]
Das macht nichts.	**Non fa niente.**	[non fa ˈniɛnte]
Darf ich?	**Posso?**	[ˈpɔsso]
Bitte sehr!	**Prego!**	[ˈprɛːɡo]
Ja, bitte.	**Sì, prego.**	[si ˈprɛːɡo]
Wie bitte?	**Come scusi?**	[ˈkoːme ˈskuːzi]
Sehr gut!	**Molto bene!**	[ˈmolto ˈbɛːne]
Gern geschehen!	**Prego!**	[ˈprɛːɡo]
Viel Vergnügen!	**Buon divertimento!**	[ˈbuɔn divertiˈmento]
Vielen Dank.	**Grazie mille!**	[ˈɡrattsie ˈmille]

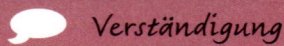

Danke, gleichfalls.	**Grazie, altrettanto.**	['grattsie altret'tanto]
Ich glaube ...	**Credo che ...**	['kre:do ke ...]
Ich könnte mir vorstellen, dass ...	**Mi potrei immaginare che ...**	[mi po'trɛːi immadʒiˈnaːre ke ...]
Ich möchte sagen, dass ...	**Vorrei dire che ...**	[vor'rɛːi 'diːre ke ...]
Ich gehe davon aus, dass ...	**Parto dal presupposto che …**	['parto dal presup'posto ke ...]
Da haben Sie mich falsch verstanden.	**Non mi ha capito.**	[non mi a kaˈpiːto]
Das war ein Missverständnis.	**È stato un malinteso.**	[ɛ 'staːto un malin'te:so]
Man könnte sagen, dass ...	**Si potrebbe dire che ...**	[si po'trɛbbe 'diːre ke ...]
Auf keinen Fall.	**In nessun caso.**	[in nesˈsun 'kaːzo]
Ich weiß noch nicht.	**Non so ancora.**	[non so aŋˈkoːra.]
Nein, danke.	**No, grazie.**	[no 'grattsie]
Wie schade!	**Che peccato!**	[ke pekˈkaːto]

Akzent	**accento** *m*	[at'tʃɛnto]
Abschied	**addio** *m*	[ad'di:o]
Absicht	**intenzione** *f*	[inten'tsio:ne]
andererseits	**d'altra parte**	['daltra 'parte]
Antwort	**risposta** *m*	[ris'posta]
antworten	**rispondere**	[ris'pondere]
aufschreiben	**scrivere**	['skri:vere]
ausdrücken	**esprimere**	[e'spri:mere]
Aussprache	**pronuncia** *f*	[pro'nuntʃa]
aussprechen	**pronunciare**	[pronun'tʃa:re]
beabsichtigt	**previsto**	[pre'vi:sto]
bedauern	**compatire**	[kompa'ti:re]
Bedenken	**riflessione** *f*	[rifles'sio:ne]
Bild	**quadro** *m*	['kua:dro]
denken	**pensare**	[pen'sa:re]
Dialekt	**dialetto** *m*	[dia'lɛtto]
einladen	**invitare**	[invi'ta:re]
Einladung	**invito** *m*	[in'vi:to]
erklären	**spiegare**	[spie'ga:re]
falsch verstehen	**capire male**	[ka'pi:re 'ma:le]
flüstern	**sussurrare**	[sussur'ra:re]
Frage	**domanda** *f*	[do'manda]
fragen	**domandare**	[doman'da:re]
Freude	**gioia** *f*	['dʒo:ia]
Gespräch	**conversazione** *f*	[konver-sat'tsio:ne]
Gestik	**gestualità** *f*	[dʒestuali'ta]
gestikulieren	**gesticolare**	[dʒestiko'la:re]
Glückwunsch	**augurio** *m*	[au'gu:rio]
Grammatik	**grammatica** *f*	[gram'ma:tika]

helfen	**aiutare**	[aiu'ta:re]
herzlich	**affettuoso**	[affet'tuɔ:so]
Hinweis	**indicazione** f	[indikatsi'o:ne]
hören	**sentire**	[sen'ti:re]
Information	**informazione** f	[informat'tsio:ne]
informieren	**informare**	[infor'ma:re]
Inhalt	**contenuto** m	[konte'nu:to]
Kommunikation	**comunicazione** f	[komunikat-'tsio:ne]
langsam	**lento**	['lɛnto]
laut	**alto/forte**	['alto/'fɔrte]
leise	**piano**	['pia:no]
lesen	**leggere**	['lɛddʒere]
Mimik	**mimica** f	['mi:mika]
Missverständnis	**malinteso** m	[malin'te:so]

> **i**
>
> *Wenn Sie ein Geheimnis bewahren möchten, so sagen Sie zu Ihrem Gegenüber: „Acqua in bocca" (Wasser im Mund). Mit vollem Mund spricht es sich schlecht!*
> *Wenn hingegen eine Person oder ein Sachverhalt „in aller Munde ist", so sagt man „È sulla bocca di tutti".*

missverstehen	**fraintendere**	[frain'tendere]
Nachricht	**notizia** f	[no'ti:tsia]
nichts	**niente**	['niɛnte]
Notiz	**appunto** m	[ap'punto]
Peinlichkeit	**imbarazzo** m	[imba'rattso]
Problem	**problema** m	[pro'blɛ:ma]

rufen	**chiamare**	[kia'ma:re]
sagen	**dire**	['di:re]
Satz	**frase** *f*	['fra:ze]
schnell	**veloce**	[ve'lo:tʃe]
schreiben	**scrivere**	['skri:vere]
schreien	**urlare**	[ur'la:re]
sehr gut	**molto bene**	['molto 'bɛ:ne]
sich verständlich machen	**farsi capire**	[farsi ka'pi:re]
sprechen	**parlare**	[par'la:re]
Stift	**penna** *f*	['penna]
Streit	**lite** *f*	['li:te]
Telefon	**telefono** *m*	[te'lɛ:fono]
unterbrechen	**interrompere**	[inter'rompere]
Verständnis-schwierigkeit	**difficoltà** *f* **di comprensione**	[diffikol'ta di komprensi'o:ne]
verstehen	**capire**	[ka'pi:re]
Verzeihung	**perdono** *m*	[per'do:no]
viel	**molto**	['molto]
Vokabel	**vocabolo** *m*	[vo'ka:bolo]
wenig	**poco**	['pɔ:ko]
wiederholen	**ripetere**	[ri'pɛ:tere]
Wort	**parola** *f*	[pa'rɔ:la]
wunderschön	**magnifico**	[maɲ'ɲi:fiko]
wundervoll	**stupendo**	[stu'pendo]
Wörterbuch	**vocabolario** *m*	[vokabo'la:rio]
zeigen	**mostrare**	[mos'tra:re]
Zettel	**bigliettino** *m*	[biʎʎet'ti:no]
zufrieden	**contento**	[kon'tɛnto]
Zukunft	**futuro** *m*	[fu'tu:ro]

Die häufigste Begrüßung auf Italienisch ist „ciao", die allerdings ausschließlich benutzt wird, wenn man sich duzt. Sie wird sowohl zur Begrüßung, als auch bei der Verabschiedung verwendet.

Wenn man sich siezt, grüßt man sich – je nach Tageszeit – mit „buongiorno" oder „buonasera" und verabschiedet sich mit „arrivederci" oder „buona giornata". „Buonasera" sagt man in Italien schon nach der Mittagszeit, ab circa 15 Uhr.

Immer öfter wird heutzutage das Wörtchen „salve" benutzt, das schon vor mehr als 2000 Jahren bei den Römern als Grußformel diente. Dies ist eine neutrale Begrüßung, die immer passt, gleich ob man sich duzt oder siezt.

Wenn man sich gut kennt, gibt man sich in Italien zwei Küsschen, eines auf die linke und eines auf die rechte Wange. Dies gilt auch für Männer.

Beim ersten Kennenlernen gibt man sich auch in Italien die Hand.

Es ist allgemein bekannt, dass Italiener beim Sprechen häufig „wild gestikulieren". Die Gestik wird aber nicht aufs Geratewohl eingesetzt, sondern ist allgemeingültig geregelt. Jede Geste wird nur im Zusammenhang mit einem bestimmten Wort oder Satz verwendet und nur in bestimmten Situationen.

Wenn man sich also nicht sicher ist, welche Geste im Moment passen würde, ist es empfehlenswert, völlig darauf zu verzichten. Viel zu leicht findet man sich sonst in komischen oder peinlichen Situationen wieder.

Wie heißen Sie?/ Wie heißt du?	**Come si chiama/ Come ti chiami?**	[ˈkoːme si ˈkiaːma/ ˈkoːme ti ˈkiami]
Mein Name ist …	**Il mio nome è …**	[il ˈmiːo ˈnoːme ɛ …]
Was sind Sie von Beruf?	**Che lavoro fa?**	[ke laˈvoːro fa]
Was studieren Sie?	**Che cosa studia?**	[ke ˈkɔːza ˈstuːdia]
Wie alt sind Sie?/ Wie alt bist du?	**Quanti anni ha/ Quanti anni hai?**	[ˈkuanti ˈanni a/ ˈkuanti ˈanni ˈaːi]
Woher kommen Sie?	**Da dove viene?**	[da ˈdoːve ˈviɛne]
Ich heiße …/Ich bin …	**Mi chiamo …/Sono …**	[mi ˈkiaːmo…/ ˈsoːno…]
Ich bin Deutsche(r).	**Sono tedesco/a.**	[ˈsoːno teˈdesko/a]
Wie geht's?	**Come va?**	[ˈkoːme va]
Sehr gut, danke.	**Molto bene, grazie.**	[ˈmolto ˈbɛːne ˈgrattsie]
Nicht so gut.	**Non molto bene.**	[non ˈmolto ˈbɛːne]
Mögen Sie Sport?	**Le piace lo sport?**	[le ˈpiaːtʃe lo ˈspɔrt]

Haben Sie Feuer?	**Ha da accendere?**	[a da at'tʃɛndere]
Möchten Sie eine Zigarette?	**Vuole una sigaretta?**	['vuɔːle 'uːna siga'retta]
Nein danke, ich rauche nicht.	**No, grazie, non fumo.**	[no 'grattsie non 'fumo]
Hast du Lust, mich zu einem Fest zu begleiten?	**Hai voglia di venire a una festa con me?**	['aːi 'voʎʎa di ve'niːre a 'uːna 'fɛːsta kon me]
Wundervoll. Ich werde gerne kommen.	**Perfetto. Vengo volentieri.**	[per'fetto 'vɛŋgo volen'tieːri]
Ich hole Sie in Ihrem Hotel ab.	**La vengo a prendere al Suo albergo.**	[la 'vɛŋgo a 'prɛndere al 'suːo al'bɛrgo]
Tut mir leid, aber ich kann leider nicht kommen.	**Mi dispiace, ma non posso venire.**	[mi di'spiaːtʃe ma non 'pɔsso ve'niːre]
Entschuldigen Sie die Verspätung.	**Scusi il ritardo.**	['skuːzi il ri'tardo]
Sind Sie verheiratet?	**È sposato/a?**	[ɛ spo'zaːto/a]
Darf ich mich setzen?	**Mi posso sedere?**	[mi 'pɔsso se'deːre]

Es tut mir leid, hier ist besetzt.	**Mi dispiace, è occupato!**	[mi di'spia:tʃe ɛ okku'pa:to]
Setzen Sie sich.	**Si sieda!**	[si 'siɛːda]
Störe ich?	**Disturbo?**	[dis'turbo]
Nein, du störst/Sie stören überhaupt nicht.	**No, non disturbi/a proprio per niente!**	[nɔ non dis'turbi/a 'prɔːprio per 'niɛnte]
Darf ich Sie zum Mittagessen einladen?	**La posso invitare a pranzo?**	[la 'pɔsso invi'ta:re a 'prandzo]
Ich möchte ein wenig spazieren gehen.	**Vorrei fare una passeggiata.**	[vor'rɛi 'fa:re 'u:na passed'dʒa:ta]
Haben Sie Lust, mich zu begleiten?	**Ha voglia di accompagnarmi?**	[a 'vɔʎʎa di akkompaɲ'narmi]
Darf ich Sie/dich nach Hause bringen?	**La/Ti posso accompagnare a casa?**	[la/ti 'pɔsso akkompaɲ'na:re a 'ka:sa]
Möchten Sie tanzen?	**Vuole ballare?**	['vuɔːle bal'la:re]
Sehr gerne.	**Molto volentieri.**	['molto volen'tiɛːri]

Sie tanzen sehr gut.	**Lei balla molto bene.**	['lɛːi 'balla 'molto 'bɛːne]
Möchten Sie mit uns zu Abend essen?	**Vuole venire a cena con noi?**	['vuɔːle ve'niːre a 'tʃeːna kon 'noːi]
Mit Vergnügen.	**Con piacere.**	[kon pia'tʃeːre]
Der Abend war sehr schön. Ich danke Ihnen!	**È stata davvero una bella serata. La ringrazio!**	[ɛ 'staːta dav'veːro 'uːna 'bɛlla se'raːta la riŋ'grattsio]
Ich bin auf dem Weg zum Strand.	**Sto andando in spiaggia.**	[sto an'dando in 'spiaddʒa]
Ich gehe gerade einkaufen.	**Sto andando a fare la spesa.**	[sto an'dando a 'faːre la 'speːsa]
Machen Sie Urlaub hier?	**Lei è qui in vacanza?**	['lɛːi ɛ 'kui in va'kantsa]
Wie oft waren Sie schon hier?	**Quante volte è già venuto/a qui?**	['kuante 'vɔlte ɛ dʒa ve'nuːto/a 'kui]
Reisen Sie sehr viel?	**Viaggia molto?**	['viaddʒa 'molto]
Was denken Sie über dieses Land?	**Che cosa ne pensa di questo paese?**	[ke 'kɔːza ne 'pensa di 'kueːsto pa'eːze]

Wie gefällt Ihnen ...?	**Le piace ...?**	[le ˈpiaːtʃe ...]
Es gefällt mir sehr gut hier.	**Mi piace molto qui.**	[mi ˈpiaːtʃe ˈmolto kui]
Wohnen Sie hier?	**Abita qui?**	[ˈaːbita ˈkui]
Wollen wir etwas zusammen unternehmen?	**Vogliamo fare qualcosa insieme?**	[voˈʎaːmo ˈfaːre kualˈkɔːsa inˈsiɛːme]
Vielen Dank für den schönen Tag!	**Grazie mille per la bella giornata!**	[ˈgrattsie ˈmille per la ˈbɛlla dʒorˈnaːta]
Sehen wir uns noch einmal?	**Ci vediamo ancora?**	[tʃi veˈdiaːmo aŋˈkoːra]
Treffen wir uns an der gleichen Stelle?	**Ci vediamo al solito posto?**	[tʃi veˈdiaːmo al ˈsɔːlito ˈpɔːsto]
Morgen um dieselbe Zeit?	**Domani alla stessa ora?**	[doˈmaːni ˈalla ˈstessa ˈoːra]
Tut mir leid, aber ich muss jetzt gehen.	**Mi dispiace, ma adesso devo andare.**	[mi diˈspiaːtʃe ma aˈdɛsso ˈdeːvo anˈdaːre]
Bis morgen!	**A domani!**	[a doˈmaːni]

Abend	sera *f*	[ˈseːra]
Alkohol	alcol *m*	[ˈalkɔl]
Arbeit	lavoro *m*	[laˈvoːro]
Deutsch	tedesco *m*	[teˈdesko]
Diskothek	discoteca *f*	[diskoˈtɛːka]
essen	mangiare	[manˈdʒaːre]
Ferien	vacanze *f pl*	[vaˈkantse]
Feuerzeug	accendino *m*	[attʃenˈdiːno]
Frau	donna *f*	[ˈdɔnna]
Freund	amico *m*	[aˈmiːko]
Freundin	amica *f*	[aˈmiːka]
früh	presto	[ˈprɛːsto]
gestern	ieri	[ˈiɛːri]
Getränk	bevanda *f*	[beˈvanda]
Glas	bicchiere *m*	[bikˈkiɛːre]
heiß	caldo	[ˈkaldo]
heute	oggi	[ˈɔddʒi]
Hobby	hobby *m*	[ˈɔbbi]
Hotel	albergo *m*	[alˈbɛrgo]
Interesse	interesse *m*	[inteˈrɛsse]
joggen	fare jogging	[ˈfaːre ˈdʒɔggiŋ]
Kino	cinema *m*	[ˈtʃiːnema]
Mittag	mezzogiorno *m*	[mɛddʒoˈdʒorno]
morgen	domani	[doˈmaːni]
Nacht	notte *f*	[ˈnɔtte]
Politik	politica *f*	[poˈliːtika]
Regen	pioggia *f*	[ˈpiɔddʒa]
romantisch	romantico	[roˈmantiko]
schlecht	cattivo	[katˈtiːvo]
schön	bello	[ˈbɛllo]

Schwimmbad	**piscina** f	[piʃˈʃiːna]
schwül	**afoso**	[aˈfoːso]
Sohn	**figlio** m	[ˈfiʎʎo]
Sonne	**sole** m	[ˈsoːle]
spät	**tardi**	[ˈtardi]
spazieren	**passeggiare**	[passedˈdʒaːre]
Sport	**sport** m	[ˈspɔrt]
sprechen	**parlare**	[parˈlaːre]

Wenn Sie in Italien zum Essen eingeladen werden, handelt es sich meist um einen richtigen Festschmaus, bei dem nicht gespart wird.
Eine gute Flasche Wein oder ein schöner Blumenstrauß für die Gastgeber sind übliche Geschenke.

stürmisch	**tempestoso**	[tempesˈtoːzo]
Tanz	**ballo** m	[ˈballo]
Temperatur	**temperatura** f	[temperaˈtuːra]
Tochter	**figlia** f	[ˈfiʎʎa]
Uhr	**orologio** m	[oroˈlɔːdʒo]
Uhrzeit	**ora** f	[ˈoːra]
Urlaub	**vacanza** f	[vaˈkantsa]
Verzeihung	**perdono** m	[perˈdoːno]
wechselhaft	**variabile**	[vaˈriaːbile]
Wein	**vino** m	[ˈviːno]
Wetter	**tempo** m	[ˈtɛmpo]
Wetterbericht	**bollettino** m **meteorologico**	[bolletˈtiːno meteoroˈlɔːdʒiko]
Zigarette	**sigaretta** f	[sigaˈretta]

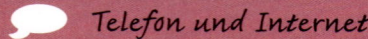

Wo ist die nächste Telefonzelle?	**Dov'è la cabina telefonica più vicina?**	[do'vɛ la ka'bi:na tele'fɔ:nika 'piu vi'tʃi:na]
Können Sie mir bitte eine (internationale) Telefonkarte geben?	**Mi può dare una carta telefonica (internazionale)?**	[mi 'puɔ 'da:re 'u:na 'karta tele'fɔ:nika (internattsio'na:le)]
Wie lautet die Vorwahl von ...?	**Qual è il prefisso per ...?**	[kua'lɛ il pre'fisso per...]
Hier spricht ...	**Qui parla ...**	['kui 'parla ...]
Mit wem spreche ich?	**Con chi parlo?**	[kon ki 'parlo]
Ich möchte gerne Herrn/Frau ... sprechen.	**Vorrei parlare con il signor/la signora ...**	[vor'rɛi par'la:re kon il siɲ'ɲor/la siɲ'ɲo:ra ...]
Es tut mir leid, der Anschluss ist besetzt.	**Mi dispiace, è occupato.**	[mi dis'pia:tʃe ɛ okku'pa:to]
Tut mir leid, er/sie spricht gerade.	**Mi dispiace, sta parlando.**	[mi dis'pia:tʃe sta par'lando]
Möchten Sie ihm/ihr eine Nachricht hinterlassen?	**Vuole lasciare un messaggio?**	['vuɔ:le laʃ'ʃa:re un mes'saddʒo]

Könnte er/sie mich bitte zurückrufen?	**Mi può richiamare?**	[mi ˈpuɔ rikiaˈma:re]
Können Sie mir bitte Ihre Telefonnummer geben?	**Mi può lasciare il Suo numero di telefono?**	[mi ˈpuɔ laʃˈʃa:re il ˈsu:o ˈnu:mero di teˈlɛ:fono]
Meine Telefonnummer ist ...	**Il mio numero è ...**	[il ˈmi:o ˈnu:mero ɛ ...]
Richten Sie ihm/ihr Grüße aus.	**Me lo/la saluti.**	[me lo/la saˈlu:ti]
Tut mir leid, Sie haben sich verwählt.	**Mi dispiace, ha sbagliato numero.**	[mi disˈpia:tʃe a zbaʎˈʎa:to ˈnu:mero]
Mein Handyakku ist leer.	**La mia batteria del telefonino è scarica.**	[la ˈmia batteˈri:a del telefoˈni:no ɛ ˈska:rika]
Kann ich mein Handy bei Ihnen aufladen?	**Posso ricaricare il mio telefonino da Lei?**	[ˈpɔsso rikariˈka:re il ˈmio telefoˈni:no da lei]
Haben Sie Guthabenkarten der Mobilfunkgesellschaft ...?	**Ha una carta/scheda telefonica prepagata della compagnia ...?**	[a una ˈkarta/ˈskɛda teleˈfɔ:nika prepaˈga:ta della kompaɲˈɲi:a ...]

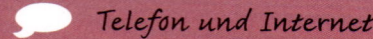

Wo finde ich das nächste Internetcafé?	**Dov'è il bar con internet più vicino?**	[do'vɛ il bar con inter'nɛt piu vi'tʃi:no]
Wie viel kostet eine Stunde/Viertelstunde?	**Quanto costa un'ora/ un quarto d'ora?**	['kuanto kosta unora/unkwarto dora]
Wo kann ich ins Internet gehen?	**Dove posso collegarmi in internet?**	['do:ve posso kolle'ga:rmi in inter'nɛt]
Welchen Computer kann ich nutzen?	**Quale computer posso usare?**	['kua:le kom-'pju:tə 'pɔsso u'sa:re]
Wie logge ich mich ein?	**Come faccio il log in?**	['ko:me 'fattʃo il lɔg in]
Verfügt das Zimmer über W-LAN?	**C'è l'accesso a internet in camera?**	['tʃɛ lat'tʃesso a inter'nɛt in 'ka:mera]
Ich möchte eine E-Mail senden.	**Vorrei mandare una e-mail.**	[vor'rɛːi man'da:re una 'iːmeɪl]
Ich möchte meine Mails checken.	**Vorrei controllare le mie e-mail.**	[vor'rɛːi kon-trol'la:re le mie 'i:meɪl]

Kann ich von hier ein Fax senden?	**Posso mandare un fax?**	[ˈpɔsso manˈdaːre un faks]
Kann ich eine Seite ausdrucken?	**Posso stampare una pagina?**	[ˈpɔsso stamˈpaːre una ˈpaːdʒina]
Ich möchte etwas scannen.	**Vorrei scannerizzare qualcosa.**	[vorˈrɛi skannеridˈdzaːre kualˈkɔːsa]
Ich habe Probleme mit dem Computer.	**Ho dei problemi con il computer.**	[ˈɔ dɛiː proˈblemi kon il komˈpjuːtə]
Wie ist Ihre E-Mail-Adresse?	**Qual è il Suo indirizzo e-mail?**	[kuaˈlɛ il suo indiˈrittso ˈiːmɛɪl]

---

i

Wenn Sie in Italien einen Handyvertrag oder auch nur eine Prepaidkarte kaufen möchten, so werden Sie meist nach dem „codice fiscale" (Steuernummer) gefragt. Diesen können Sie über die Internetseite http://www.comuni.it/servizi/codfisc/ (bei „provincia" geben Sie „Germania" ein, das Feld dahinter kann man leer lassen) selbst errechnen lassen. Der „codice fiscale" ist in Italien ein Instrument zur Identifizierung des Bürgers.

Die Italiener haben ihr Handy in der Regel überall dabei und telefonieren lautstark mit ihrer „mamma" oder ihren besten Freunden. Deshalb sind Gespräche am Handy in Restaurants kein Problem, denn für die Italiener gehört das Handy „zum guten Ton".

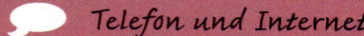

Akku	**batteria** *f*	[batte'ri:a]
anrufen, telefonieren	**telefonare**	[telefo'na:re]
besetzt	**occupato**	[okku'pa:to]
E-Mail	**e-mail** *f*	['i:mɛɪl]
E-Mail-Adresse	**indirizzo** *m* **e-mail**	[indi'rittso 'i:mɛɪl]
Handy	**telefonino** *m*, **cellulare** *m*	[telefo'ni:no, tʃellu'la:re]
Handynummer	**numero** *m* **di cellulare**	['nu:mero di tʃellu'la:re]
Internet	**internet** *f*	[inter'net]
Internetanschluss	**accesso** *m* **a internet**	[at'tʃɛsso a inter'net]
Ladegerät	**caricabatteria** *m*	[karikabatte'ri:a]
Laptop	**computer** *m* **portatile**	[kom'pju:tə por'ta:tile]
Netzempfang	**accesso** *m* **alla rete**	[at'tʃɛsso alla 're:te]
Ortsgespräch	**chiamata** *f* **locale**	[kia'ma:ta lo'ka:le]
Prepaid-Karte	**scheda** *f* **telefonica prepagata**	['ske:da tele'fɔ:nika prepa'ga:ta]
SIM-Karte	**carta** *f* **sim**	['karta sim]
Smartphone	**smartphone** *m*	['smɑːrtfəʊn]
SMS	**sms** *m*	['ɛsseɛmme'ɛsse]
Telefonkarte	**carta** *f*/**scheda** *f* **telefonica**	['karta/'ske:da tele'fɔ:nika]
USB-Stick	**chiave** *f* **USB**	['kia:ve u'esse'bi:]
verbinden	**collegare**	[kolle'ga:re]
Vorwahl	**prefisso** *m*	[pre'fisso]
W-LAN	**wireless**	['wuaɪɛlis]

Reise & Verkehr

Wo ist/sind ...?	**Dov'è/Dove sono ...?**	[do'vɛ/'do:ve 'so:no ...]
Wie komme ich nach ...?	**Come vado a ...?**	['ko:me 'va:do a ...]
Kennen Sie die ... Straße?	**Conosce via ...?**	[ko'noʃʃe 'vi:a ...]
Wo liegt bitte diese Adresse?	**Dov'è questo indirizzo?**	[do've 'kue:sto indi'rittso]
Können Sie mir bitte auf der Karte zeigen, wo ich bin?	**Mi può far(e) vedere sulla piantina dove sono?**	[mi 'puɔ far(e) ve'de:re 'sulla pian'ti:na 'do:ve 'so:no]
Sie müssen umkehren.	**Deve ritornare indietro.**	['de:ve ritor'na:re in'diɛːtro]
Ist das die Straße nach ...?	**È la strada per ...?**	[ɛ la 'stra:da per ...]
Bin ich hier richtig nach ...?	**Va bene di qua per andare ...?**	[va 'bɛːne di kua per an'da:re ...]
Sie sind genau richtig.	**È giusto/a.**	[ɛ 'dʒu:sto/a]
Sie sind hier falsch.	**Ha sbagliato.**	[a zbaʎ'ʎa:to]

Folgen Sie den Schildern, auf denen ... steht.	**Segua le indicazioni per ...**	[ˈseːgua le indikatˈtsioːni per ...]
Sie sind hier auf der falschen Straße.	**Ha sbagliato strada.**	[a zbaʎˈʎaːto ˈstraːda]
Sie müssen umkehren bis zu ...	**Deve ritornare indietro fino a ...**	[ˈdeːve ritorˈnaːre inˈdiɛtro ˈfiːno a ...]
Wie weit ist das?	**Quanto è lontano?**	[ˈkuanto ɛ lonˈtaːno]
Muss ich zu/nach ... fahren?	**Devo andare a ...?**	[ˈdeːvo anˈdaːre a ...]
Wie viele Kilometer sind es bis ...?	**Quanti chilometri ci sono fino a ...?**	[ˈkuanti kiˈlɔːmetri tʃi ˈsoːno ˈfiːno a ...]
Können Sie mir die Stadt/die Straße bitte auf der Karte zeigen?	**Mi può indicare la città/la via sulla cartina?**	[mi ˈpuɔ indiˈkaːre la tʃitˈta/la ˈviːa ˈsulla pianˈtiːna]
Gibt es dort eine Autobahn?	**C'è un'autostrada là?**	[tʃɛ unautoˈstraːda la]
Wie weit ist es bis ... (dorthin)?	**Quanto dista ...?**	[ˈkuanto ˈdista ...]

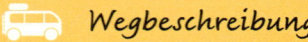

Wie lange brauche ich mit dem Auto dorthin?	**Quanto ci vuole in macchina fino a laggiù?**	[ˈkuanto tʃi ˈvuɔːle in ˈmakkina ˈfiːno a ladˈdʒu]
Wie lange brauche ich zu Fuß dorthin?	**Quanto ci vuole a piedi fino a laggiù?**	[ˈkuanto tʃi ˈvuɔːle a ˈpiɛːdi ˈfiːno a ladˈdʒu]
Kann ich das Ziel bis heute Mittag/Abend/Nacht erreichen?	**Posso arrivarci per mezzogiorno/sera/sera tardi?**	[ˈpɔsso arriˈvartʃi per meddzoˈdʒorno/ ˈseːra/ˈseːra ˈtardi]
Fahren Sie geradeaus.	**Vada sempre dritto.**	[ˈvaːda ˈsɛmpre ˈdritto]
Fahren Sie bis zur ersten/zweiten/dritten Kreuzung.	**Continui fino al primo/secondo/terzo incrocio.**	[konˈtiːnui ˈfiːno al ˈpriːmo/ seˈkondo/ˈtɛrtso iɲˈkroːtʃo]
Biegen Sie bei der Ampel links/rechts ab.	**Al semaforo giri a sinistra/destra.**	[al seˈmaːforo ˈdʒiːri a siˈniːstra/ˈdɛːstra]
Sie müssen über die Brücke und danach rechts/links abbiegen.	**Deve passare il ponte e poi girare a destra/sinistra.**	[ˈdeːve pasˈsaːre il ˈponte e ˈpɔːi dʒiˈraːre a ˈdɛːstra/ siˈniːstra]

Abfahrt	**partenza** *f*	[par'tɛntsa]
Abkürzung	**scorciatoia** *f*	[skortʃa'toːia]
Ampel	**semaforo** *m*	[se'maːforo]
andere Seite	**altro lato** *m*	['altro 'laːto]
Autobahn	**autostrada** *f*	[auto'straːda]
Brücke	**ponte** *m*	['ponte]
danach	**dopo**	['doːpo]
davor	**prima**	['priːma]
Dorf	**paese** *m*	[pa'eːze]
Einbahnstraße	**strada** *f* **a senso unico**	['straːda a 'senso 'uːniko]
Einmündung	**sbocco** *m*	['zbokko]
Fähre	**traghetto** *m*	[tra'getto]
falsch	**sbagliato**	[zbaʎ'ʎaːto]
Fluss	**fiume** *m*	['fiuːme]
Fuß	**piede** *m*	['piɛːde]
gegenüber	**di fronte**	[di 'fronte]
hinter	**dietro**	['diɛːtro]
Kirche	**chiesa** *f*	['kiɛːza]
Kreisverkehr	**rotonda** *f*	[ro'tonda]
Kreuzung	**incrocio** *m*	[iɲ'kroːtʃo]
Landstraße	**strada** *f* **statale**	['straːda sta'taːle]
Landkarte	**cartina** *f*	[kar'tiːna]
links	**sinistra**	[si'niːstra]
Mautstelle	**casello** *m*	[ka'zello]
nächste/r	**prossimo/a**	['prɔssimo/a]
neben	**vicino**	[vi'tʃiːno]
Nord	**nord**	[nord]
Ost	**est**	[ɛst]
parken	**parcheggiare**	[parked'dʒaːre]

Polizeikontrolle	**controllo** m **della polizia**	[kon'trɔllo 'della polit'tsi:a]
Polizeirevier	**commissariato** m **di polizia**	[kommissa'ria:to di polit'tsi:a]
Radarfalle	**controllo** m **radar**	[kon'trɔllo 'ra:dar]
rechts	**destra**	['dɛstra]
Reparaturwerkstatt	**officina** f	[offi'tʃi:na]
richtig	**giusto**	['dʒu:sto]
Sackgasse	**vicolo** m **cieco**	['vi:kolo 'tʃɜ:ko]
Schnellstraße	**superstrada** f	[super'stra:da]
Spur	**corsia** f	[kor'si:a]
Stadt	**città** f	[tʃit'ta]
Stau	**ingorgo** m	[in'gorgo]
Straße	**via** f	['vi:a]
Straßenkarte	**piantina** f	[pian'ti:na]
Straßenschild	**cartello** m **stradale**	[kar'tɛllo stra'da:le]
Süden	**sud** m	[sud]
Telefonzelle	**cabina** f **telefonica**	[ka'bi:na tele'fɔ:nika]
Tankstelle	**distributore** m **di benzina**	[distribu'to:re di ben'dzi:na]
umdrehen	**tornare indietro**	[tor'na:re in'diɛ:tro]
Umweg	**strada** f **più lunga**	['stra:da 'piu 'luŋga]
verkehrt	**sbagliato**	[zbaʎ'ʎa:to]
Westen	**ovest** m	['ɔ:vest]
wie lange	**quanto**	['kuanto]
wo	**dove**	['do:ve]
Zentrum	**centro** m	['tʃɛntro]

Ich suche eine Auto-vermietung.	**Cerco un auto-noleggio.**	[ˈtʃerko un autonoˈleddʒo]
Ich möchte ein Auto mieten.	**Vorrei affittare una macchina.**	[vorˈrɛi affitˈtaːre ˈuːna ˈmakkina]
Wo kann ich den Wagen zurückgeben?	**Dove devo riportare la macchina?**	[ˈdoːve ˈdeːvo riporˈtaːre la ˈmakkina]
Ist es möglich, den Wagen in ... abzu-geben?	**È possibile consegnare la macchina tra ...?**	[ɛ posˈsiːbile konseɲˈɲaːre la ˈmakkina tra ...]
Wie viele Kilometer sind frei?	**Quanti chilometri sono gratis?**	[ˈkuanti kiˈlɔːmetri ˈsoːno ˈgraːtis]
Wann/Wo kann ich den Wagen abholen?	**Quando/Dove posso venire a prendere la macchina?**	[ˈkuando/ˈdoːve ˈposso veˈniːre a ˈprendere la ˈmakkina]
Ist der Wagen voll-kaskoversichert?	**È assicurata contro tutti i rischi?**	[ɛ assikuˈraːta ˈkontro ˈtutti i ˈriski]
Wie viel Kaution muss ich bei Ihnen hinter-legen?	**Quanto Le devo lasciare di cauzione?**	[ˈkuanto le ˈdeːvo laʃˈʃaːre di kautˈtsioːne]

Wo ist der Verbandskasten?	**Dov'è la cassetta di pronto soccorso?**	[do'vɛ la kas'setta di 'pronto sok'korso]
Ich habe eine Panne.	**Ho un guasto.**	[ɔ un 'guaːsto]
Können Sie den Abschleppdienst rufen?	**Può chiamare il carro attrezzi?**	['puɔ kia'maːre il 'karro at'trettsi]
Können Sie den Pannendienst rufen?	**Può chiamare il soccorso stradale?**	['puɔ kia'maːre il sok'korso stra'daːle]
Wissen Sie, wo hier eine Werkstatt ist?	**Sa dov'è un'officina?**	[sa do'vɛ unoffi'tʃiːna]
Ich habe einen Platten.	**Ho bucato.**	[ɔ bu'kaːto]
Der Wagen verliert Öl/ Kühlflüssigkeit/Bremsflüssigkeit/Wasser.	**La macchina perde olio/acqua dal radiatore/olio dei freni/ acqua.**	[la 'makkina 'pɛrde 'ɔːlio/ 'akkua dal radia'toːre/'ɔːlio 'dei 'freːni/'akkua]
Die Heizung ist defekt. Sie geht nicht mehr an/aus.	**Il riscaldamento è rotto. Non si accende/Non si spegne.**	[il riskalda'mento ɛ rotto./ᴎon si at'tʃɛnde/non si 'speɲɲe]

Können Sie mir bitte sagen, was das kosten wird?	**Mi può dire quanto costerà, per favore?**	[mi ˈpuɔ ˈdiːre ˈkuanto kosteˈra per faˈvoːre]
Können Sie mir einen Kostenvoranschlag machen?	**Mi può fare un preventivo?**	[mi ˈpuɔ ˈfaːre un prevenˈtiːvo]
Bitte kontrollieren Sie den Reifendruck/ die Bremsflüssigkeit/ das Kühlwasser/den Ölstand!	**Per favore controlli la pressione delle ruote/l'olio dei freni/ l'acqua del radiatore/il livello dell'olio.**	[per faˈvoːre konˈtrolli la presˈsioːne delle ˈruɔːte/ˈlɔːlio ˈdeːi ˈfreːni/ˈlakkua del radiaˈtoːre/il liˈvɛllo delˈlɔːlio]
Bitte wechseln Sie die Zündkerzen/das Öl!	**Per favore, cambi le candele/l'olio!**	[per faˈvoːre ˈkambi le kanˈdeːle/ˈlɔːlio]
Mein Auto springt nicht an.	**La mia macchina non parte.**	[la mia ˈmakkina non ˈparte]
Ich hatte Vorfahrt.	**Avevo la precedenza.**	[aveːvo la pretʃeˈdɛntsa]
Gibt es hier eine Autowaschanlage?	**C'è un autolavaggio qui?**	[tʃɛ un autolaˈvaddʒo ˈkui]

Wo ist die nächste Tankstelle?	**Dov'è il distributore di benzina più vicino?**	[do've il distri-bu'to:re di ben'dzi:na 'piu vi'tʃi:no]
Volltanken, bitte!	**Il pieno, per favore!**	[il 'piɛ:no per fa'vo:re]
Machen Sie bitte den Tank halb voll.	**Mi faccia mezzo pieno, per favore.**	[mi 'fattʃa 'mɛddzo 'piɛ:no per fa'vo:re]
Geben Sie mir 30 Liter Normalbenzin/Super/Diesel!	**Mi faccia 30 litri di benzina normale/super/diesel.**	[mi 'fattʃa 'trenta 'li:tri di ben'dzi:na nor'ma:le/ 'su:per/'di:zel]
Wie lange darf man hier parken?	**Quanto tempo si può parcheggiare qui?**	['kuanto 'tempo si 'puɔ parked'dʒa:re 'kui]
Welche Höchstgeschwindigkeit/Geschwindigkeitsbegrenzung gilt hier?	**Qual è il limite di velocità massima che c'è qui?**	[kua'le il 'li:mite di velotʃi'ta 'massima ke tʃe 'kui]
Muss man eine Autobahngebühr bezahlen?	**Si paga l'autostrada?**	[si 'pa:ga lauto'stra:da]

abschleppen	**trainare**	[trai'na:re]
Abschleppwagen	**carro** *m* **attrezzi**	['karro at'trettsi]
Ampel	**semaforo** *m*	[se'ma:foro]
anspringen	**mettersi in moto**	['mettersi in 'mɔ:to]
Auto	**macchina** *f*	['makkina]
Autobahn	**autostrada** *f*	[auto'stra:da]
Autobahngebühr	**pedaggio** *m*	[pe'daddʒo]
Benzin	**benzina** *f*	[ben'dzi:na]

> *Die Autobahnbenutzung ist in Italien gebührenpflichtig.*
> *Am so genannten „casello", der Autobahnmautstelle, kann man*
> *entweder bar oder per Bank- oder Kreditkarte bezahlen.*
> *Vorsicht bei Alkohol am Steuer! In Italien gilt: 0,5 Promille*
> *im Straßenverkehr.*

Bußgeld	**multa** *f*	['multa]
Diesel	**diesel** *m*	['di:zel]
Führerschein	**patente** *f*	[pa'tente]
Gang	**marcia** *f*	['martʃa]
Landstraße	**strada** *f* **provinciale**	['stra:da provin'tʃa:le]
Licht	**luce** *f*	['lu:tʃe]
Motorrad	**moto** *f*	['mɔ:to]
Normalbenzin	**benzina** *f* **normale**	[ben'dzi:na nor'ma:le]
Notrufsäule	**colonnina** *f* **d'emergenza**	[kolon'ni:na demer'dʒentsa]

Oktanzahl	**numero** *m* **di ottano**	[ˈnuːmero di otˈtano]
Öl	**olio** *m*	[ˈɔːlio]
Panne	**guasto** *m*	[ˈguaːsto]
Pannendienst	**soccorso** *m* **stradale**	[sokˈkorso straˈdaːle]
Papiere	**documenti** *m pl*	[dokuˈmenti]
Parkplatz	**parcheggio** *m*	[parˈkeddʒo]
Promillegrenze	**limite** *m* **d'alcol**	[ˈliːmite ˈdalkol]
PS	**cavalli** *m pl*	[kaˈvalli]
Radarkontrolle	**controllo** *m* **radar**	[konˈtrollo ˈraːdar]
Rastplatz	**area di sosta** *f*	[ˈarea di ˈsɔːsta]
Reifendruck	**pressione** *f* **dei pneumatici**	[presˈsioːne ˈdeːi pneuˈmaːtitʃi]
Stau	**coda** *f*	[ˈkoːda]
Straßenkarte	**carta** *f* **stradale**	[ˈkarta straˈdaːle]
Superbenzin	**benzina** *f* **super**	[benˈdziːna ˈsuːper]
tanken	**fare rifornimento**	[ˈfaːre riforniˈmento]
Tankstelle	**distributore** *m* **di benzina**	[distribuˈtoːre di benˈdziːna]
Umleitung	**deviazione** *f*	[deviatˈtsioːne]
Vollkasko	**assicurazione** *f* **contro tutti i rischi**	[assikuratˈtsioːne ˈkontro ˈtutti i ˈriski]
Wegweiser	**indicatore** *m* **stradale**	[indikaˈtoːre straˈdaːle]
Werkstatt	**officina** *f*	[offiˈtʃiːna]

Abschleppseil	**cavo** m **da traino**	[ˈkaːvo da ˈtraːino]
Abschleppstange	**sbarra** f **da traino**	[ˈzbarra da ˈtraːino]
Airbag	**airbag** m	[erbɛg]
Antenne	**antenna** f	[anˈtenna]
Auspuff	**tubo** m **di scappamento**	[ˈtuːbo di skappaˈmento]
Außenspiegel	**specchietto** m **esterno**	[spekˈkietto esˈterno]
Benzinkanister	**tanica** f **di benzina**	[ˈtaːnika di benˈdziːna]
Bremsleuchte	**luce** f **d'arresto**	[ˈlutʃe darˈrɛːsto]
Fernlicht	**abbaglianti** m pl	[abbaʎˈʎanti]
Frontscheibe	**parabrezza** m	[paraˈbreddza]
Handbremse	**freno** m **a mano**	[ˈfreːno a ˈmaːno]
Handschuhfach	**vano** m **portaoggetti**	[ˈvano portaodʒˈdʒetti]
Heckscheibe	**lunotto** m	[luˈnɔtto]
Heizung	**riscaldamento** m	[riskaldaˈmento]
Hupe	**clacson** m	[ˈklakson]
Innenspiegel	**specchietto** m	[spekˈkietto]
Kilometerzähler	**contachilometri** m	[kontakiˈlɔːmetri]
Kofferraum	**bagagliaio** m	[bagaʎˈʎaːio]
Kolben	**pistone** m	[pisˈtoːne]
Kreuzschlüssel	**chiave** f **inglese**	[ˈkiaːve iŋˈgleːse]
Lampe	**pila** f	[ˈpiːla]
Lenkrad	**volante** m	[voˈlante]
Luftfilter	**filtro** m **dell'aria**	[ˈfiltro delˈlaːria]
Motor	**motore** m	[moˈtoːre]
Motorhaube	**cofano** m	[ˈkɔːfano]

Nummernschild	**targa** *f*	['targa]
Radio	**radio** *f*	['ra:dio]
Reifen	**pneumatico** *m*	[pneu'ma:tiko]
Sanitätskasten	**valigetta** *f* **pronto soccorso**	[vali'dʒetta 'pronto sok'korso]
Scheibenwischer	**tergicristallo** *m*	[terdʒikris'tallo]
Schiebedach	**tetto** *m* **apribile**	[tetto a'pri:bile]
Schlauch	**tubo** *m*	['tu:bo]
Schloss	**serratura** *f*	[serra'tu:ra]
Sicherheitsgurt	**cintura** *f* **di sicurezza**	[tʃin'tu:ra di siku'rettsa]
Sicherung	**fusibile** *m*	[fu'zi:bile]
Sitz	**sedile** *m*	[se'di:le]
Sitzheizung	**riscaldamento** *m* **del sedile**	[riskalda'mento del se'di:le]
Standlicht	**luce** *f* **di posizione**	['lutʃe di posit'tsio:ne]
Stoßstange	**paraurti** *m*	[para'urti]
Tachometer	**tachimetro** *m*	[ta'ki:metro]
Tank	**serbatoio** *m*	[serba'to:io]
Wagenheber	**cric** *m*	[krik]
Warnblinker	**quattro frecce** *f pl*	['kuattro 'frettʃe]
Warnleuchte	**luce** *f* **d'emergenza**	['lu:tʃe demer'dʒɛntsa]
Warndreieck	**triangolo** *m*	[tri'aŋgolo]
Winter-/Sommer-reifen	**pneumatico** *m* **invernale/estivo**	[pneu'ma:tiko inver'na:le/ es'ti:vo]
Zündkerze	**candela** *f*	[kan'de:la]

Wann fährt der nächste Zug nach ...?	**Quando parte il prossimo treno per ...?**	['kuando 'parte il 'prɔssimo 'trɛːno per ...]
Auf welchem Bahnsteig fährt der Zug ab?	**Da che binario parte il treno per ...?**	[da ke bi'naːrio 'parte il 'trɛːno per ...]
Eine einfache Fahrt erster/zweiter Klasse bitte.	**Andata prima/ seconda classe, per favore.**	[an'daːta 'priːma/ se'konda 'klasse per fa'voːre]
Eine Hin- und Rückfahrt nach ... bitte.	**Andata e ritorno per ..., per favore.**	[an'daːta e ri'torno per ... per fa'voːre]
Wie teuer ist die Fahrkarte?	**Quanto costa il biglietto?**	['kuanto 'kɔsta il biʎ'ʎetto]
Gibt es einen Speise-/Schlafwagen?	**C'è un vagone ristorante/un vagone letto?**	[tʃɛ un va'goːne risto'rante/un va'goːne 'letto]
Gibt es Ermäßigung für Schüler/Studenten/Familien?	**Ci sono riduzioni per scolari/studenti/famiglie?**	[tʃi 'soːno ridut'tsioːni per sko'laːri/stu'dɛnti/fa'miʎʎe]
Muss ich einen Zuschlag bezahlen?	**Devo pagare un supplemento?**	['deːvo pa'gaːre un supple'mento]

Können Sie mir einen Fahrplan geben?	**Mi può dare un orario dei treni?**	[mi ˈpuɔ ˈdaːre un oˈraːrio ˈdei ˈtrɛːni]
Hält der Zug in ...?	**Il treno si ferma a ...?**	[il ˈtrɛːno si ˈferma a ...]
Wann kommen wir in ... an?	**Quando arriviamo a ...?**	[ˈkuando arriˈviaːmo a ...]
Mein Zug hat Verspätung.	**Il mio treno è in ritardo.**	[il ˈmiːo ˈtrɛːno ɛ in riˈtardo]
Erreiche ich noch den Anschlusszug in ...?	**Riesco a prendere la coincidenza a ...?**	[riˈɛːsko a ˈprɛndere la kointʃiˈdɛntsa a ...]
Kann ich bitte einen Platz reservieren?	**Posso prenotare un posto, per favore?**	[ˈpɔsso prenoˈtaːre un ˈpɔsto per faˈvoːre]
Entschuldigen Sie, aber dieser Platz ist besetzt.	**Mi scusi, ma questo posto è occupato.**	[mi ˈskuːzi ma ˈkueːsto ˈpɔsto ɛ okkuˈpaːto]
Wo muss ich/müssen wir umsteigen?	**Dove devo/dobbiamo cambiare?**	[ˈdoːve ˈdeːvo/dobˈbiaːmo kamˈbiaːre]

Abfahrtszeit	**orario** *m* **di partenza**	[oˈraːrio di parˈtɛntsa]
Abteil	**scompartimento** *m*	[skompartiˈmento]
ankommen	**arrivare**	[arriˈvaːre]
aussteigen	**scendere**	[ˈʃendere]
Bahnhof	**stazione** *f*	[statˈtsioːne]
besetzt	**occupato**	[okkuˈpaːto]
einsteigen	**salire**	[saˈliːre]
Ermäßigung	**sconto** *m*	[ˈskonto]
Fahrkarte	**biglietto** *m*	[biʎˈʎetto]
Fahrplan	**orario** *m*	[oˈraːrio]
Fahrpreis	**prezzo** *m*	[ˈprettso]
Fensterplatz	**posto** *m* **al finestrino**	[ˈposto al finesˈtriːno]
frei	**libero**	[ˈliːbero]
Gang	**corridoio** *m*	[korriˈdoːio]
Gepäck	**bagaglio** *m*	[baˈgaʎʎo]
Gepäckaufbewahrung	**deposito** *m* **bagagli**	[deˈpɔːzito baˈgaʎʎi]
Gepäckschließfach	**deposito** *m* **bagagli a cassetta**	[deˈpɔzito baˈgaʎʎi a kasˈsetta]
Gepäckträger	**facchino** *m*	[fakˈkiːno]
Gepäckwagen	**carrello** *m*	[karˈrɛllo]
Gleis	**binario** *m*	[biˈnaːrio]
Großraumwagen	**carrozza** *f* **a scompartimento aperto**	[karˈrɔttsa a skompartiˈmento aˈpɛrto]
Hauptbahnhof	**stazione** *f* **centrale**	[statˈtsioːne tʃenˈtraːle]

Liegewagen	**carozza** f **con cuccetta**	[karˈrɔttsa kon kutʃˈtʃetta]
nachlösen	**fare il supplemento**	[ˈfaːre il suppleˈmento]
Notbremse	**freno** m **d'emergenza**	[ˈfreːno demerˈdʒɛntsa]
Platzkarte	**biglietto** m **di prenotazione**	[biʎˈʎetto di prenotatˈtsioːne]
Reservierung	**prenotazione** f	[prenotatˈtsioːne]

Reisen mit der Bahn ist in Italien vergleichsweise günstig. Es ist grundsätzlich billiger, das Auto stehen zu lassen und einen Zug zu nehmen.
Beachten Sie bitte: Die Hochgeschwindigkeitszüge Eurostar, Frecciargento und Frecciarossa sind reservierungspflichtig!

Rückfahrkarte	**biglietto** m **di ritorno**	[biʎˈʎetto di riˈtorno]
Schaffner	**bigliettaio** m	[biʎʎetˈtaːio]
Schlafwagen	**vagone** m **letto**	[vaˈgoːne ˈlɛtto]
Speisewagen	**vagone** m **ristorante**	[vaˈgoːne ristoˈrante]
Toilette	**toilette** f	[tuaˈlɛt]
Wagennummer	**numero** m **della carrozza**	[ˈnuːmero ˈdella karˈrɔttsa]
Wartesaal	**sala** f **d'aspetto**	[ˈsaːla dasˈpɛtto]
Zug	**treno** m	[ˈtrɛːno]
Zuschlag	**supplemento** m	[suppleˈmento]

Ich hätte gerne für Montag einen Flug nach ...!	**Vorrei un volo per lunedì per ..., per favore!**	[vor're:i un 'vo:lo per lune'di per ... per fa'vo:re]
Einen Hin- und Rückflug nach ..., bitte.	**Un volo di andata e ritorno per ..., per favore!**	[un 'vo:lo di an'da:ta e ri'torno per ... per fa'vo:re]
Einen Linienflug/Einen Charterflug, bitte.	**Un volo di linea/Un charter, per favore!**	[un 'vo:lo di 'li:nea/un 'tʃa:rter per fa'vo:re]
Ich möchte diesen Flug bitte umbuchen/stornieren.	**Vorrei cambiare/cancellare questo volo.**	[vor're:i kam'bia:re/kantʃel'la:re 'kue:sto 'vo:lo]
Wann muss ich auf dem Flughafen sein?	**Quando devo essere all'aeroporto?**	['kuando 'de:vo 'ɛssere allaero'pɔrto]
Wie viel Handgepäck darf ich mitnehmen?	**Quanti bagagli posso portare?**	['kuanti ba'gaʎʎi 'pɔsso por'ta:re]
Wann geht der Anschlussflug?	**Quando parte il volo di coincidenza?**	['kuando 'parte il 'vo:lo di kointʃi'dentsa]
Wo befindet sich der Notausstieg?	**Dov'è l'uscita di emergenza?**	[do'vɛ luʃ'ʃi:ta di emer'dʒentsa]

Ist der Flug aus ... schon gelandet?	**L'aereo da ... è già atterrato?**	[la'ɛːreo da ... ɛ dʒa atter'raːto]
Zu welchem Flugsteig muss ich gehen?	**A quale uscita devo andare?**	[a 'kuaːle uʃ'ʃiːta 'deːvo an'daːre]
Gibt es eine Flugverbindung nach ...?	**C'è un collegamento aereo per ...?**	[tʃɛ un kollega-'mento a'ɛːreo per ...]
Gibt es eine Zwischenlandung?	**Fa scalo?**	[fa 'skaːlo]
Gibt es einen Bus/eine S-Bahn/eine U-Bahn zum Flughafen?	**C'è un autobus/un treno/la metropolitana per l'aeroporto?**	[tʃɛ un 'aːutobus/ un 'trɛːno/la metropoli'taːna per laero'pɔrto]
Ist der Flug nach ... schon aufgerufen worden?	**È stato già chiamato il volo per ...?**	[ɛ 'staːto dʒa kia'maːto il 'voːlo per ...]
Können Sie mir sagen, wo Flugsteig Nr. ... ist?	**Mi può dire dov'è l'uscita numero ...?**	[mi 'puɔ 'diːre do'vɛ luʃ'ʃiːta 'nuːmero ...]
Ich möchte diesen Koffer als Gepäck aufgeben.	**Vorrei imbarcare questo bagaglio.**	[vor'rɛi imbar'kaːre 'kueːsto ba'gaʎʎo]

Möchten Sie Ihr Gepäck versichern?	**Vuole assicurare il Suo bagaglio?**	[ˈvuɔːle assikuˈraːre il ˈsuːo baˈgaʎʎo]
Mein Gepäck ist beschädigt worden.	**Il mio bagaglio è stato danneggiato.**	[il ˈmiːo baˈgaʎʎo ɛ ˈstaːto danneddˈdʒaːto]
An wen kann ich mich wenden?	**A chi mi posso rivolgere?**	[a ki mi ˈpɔsso riˈvɔldʒere]
Bitte anschnallen.	**Per favore, allacciare le cinture.**	[per faˈvoːre allatˈtʃaːre le tʃinˈtuːre]
Bringen Sie mir bitte etwas zu trinken?	**Mi può portare qual-cosa da bere?**	[mi puɔ porˈtaːre kualˈkɔːsa da ˈbeːre]
Haben Sie ein Mittel gegen Übelkeit?	**Ha qualcosa contro la nausea?**	[a kualˈkɔːsa ˈkontro la ˈnaːuzea]
Mir geht es nicht gut.	**Non sto bene.**	[non ˈsto ˈbɛːne]
Die Maschine hat leider Verspätung.	**L'aereo è in ritardo.**	[laˈɛːreo ɛ in riˈtardo]
Der Flug fällt leider aus.	**Il volo è annullato.**	[il ˈvoːlo ɛ annulˈlaːto]

Abflug	**decollo** *m*	[de'kɔllo]
Ankunft	**arrivo** *m*	[ar'ri:vo]
Anschluss	**coincidenza** *f*	[kointʃi'dɛntsa]
anschnallen	**allacciare le cinture**	[allat'tʃa:re le tʃin'tu:re]
Auslandsflug	**volo** *m* **internazionale**	['vo:lo internatsio'na:le]
Besatzung	**equipaggio** *m*	[ekui'paddʒo]
Bord (an)	**a bordo**	[a 'bordo]
Bordkarte	**carta** *f* **d'imbarco**	['karta dim'barko]
buchen	**prenotare**	[preno'ta:re]
Buchung	**prenotazione** *f*	[prenotat'tsio:ne]
Charterflug	**volo** *m* **charter**	['vo:lo 'tʃa:rter]
Direktflug	**volo** *m* **diretto**	['vo:lo di'rɛtto]
Economyclass	**classe** *f* **economy**	['klasse e'kɔnomi]
einchecken	**fare il check-in**	['fa:re il 'tʃekk'in]
Fenstersitz	**posto** *m* **al finestrino**	['pɔsto al fines'tri:no]
Flug	**volo** *m*	['vo:lo]
Flugbegleiter(in)	**assistente** *m/f* **di volo**	[assis'tɛnte di 'vo:lo]
Fluggesellschaft	**compagnia** *f* **aerea**	[kompaɲ'ɲi:a a'ɛ:rea]
Flughafen	**aeroporto** *m*	[aero'pɔrto]
Flughafengebühr	**tassa** *f* **aeroportuale**	['tassa aeroportu'a:le]
Flugticket	**biglietto** *m* **aereo**	[biʎ'ʎetto a'ɛ:reo]
Flugzeit	**durata** *f* **del volo**	[du'ra:ta del 'vo:lo]
Flugzeug	**aereo** *m*	[a'ɛ:reo]

Gang	**corridoio** *m*	[korri'do:io]
Gepäck	**bagaglio** *m*	[ba'gaʎʎo]
Gepäckausgabe	**consegna** *f* **bagagli**	[kon'seɲɲa ba'gaʎʎi]
Handgepäck	**bagaglio** *m* **a mano**	[ba'gaʎʎo a 'ma:no]
Inlandsflug	**volo** *m* **nazionale**	['vo:lo nattsio'na:le]
Koffer	**valigia** *f*	[va'li:dʒa]
landen	**atterrare**	[atter'ra:re]
Landung	**atterraggio** *m*	[atter'raddʒo]
Linienflug	**volo** *m* **di linea**	['vo:lo di 'li:nea]
Luftsicherheit	**sicurezza** *f* **aerea**	[siku'rettsa a'ɛ:rea]
Notausgang	**uscita** *f* **di emergenza**	[uʃ'ʃi:ta di emer'dʒentsa]
Notlandung	**atterraggio** *m* **di emergenza**	[atter'raddʒo di emer'dʒentsa]
Passagier(in)	**passeggero/a** *m/f*	[passed'dʒɛ:ro/a]
Pilot(in)	**pilota** *m/f*	[pi'lo:ta]
Rückflug	**volo** *m* **di ritorno**	['vo:lo di ri'torno]
Schwimmweste	**giubbotto** *m* **di salvataggio**	[dʒub'bɔtto di salva'taddʒo]
Sicherheitskontrolle	**controllo** *m*	[kon'trɔllo]
Stewardess	**stewardess** *f*	['stjuardes]
stornieren	**cancellare**	[kantʃel'la:re]
umbuchen	**cambiare la prenotazione**	[kam'bia:re la prenotat'tsio:ne]
Verspätung	**ritardo** *m*	[ri'tardo]
zollfreier Verkauf	**duty free** *m*	['djutifri:]
Zwischenlandung	**scalo** *m*	['ska:lo]

Wo bitte ist die nächste Bus-/Tram-/U-Bahnhaltestelle?	**Dov'è la prossima fermata dell'autobus/del tram/del metrò?**	[do'vɛ la 'prɔssima fer'ma:ta del'la:utobus/del tram/del me'trɔ]
Bitte einen Fahrschein nach ...	**Per favore, un biglietto per ...**	[per fa'vo:re un biʎ'ʎetto per ...]
Welche Linie fährt nach ...?	**Quale linea va a ...?**	['kua:le 'li:nea va a ...]
In welche Richtung muss ich fahren?	**In quale direzione devo andare?**	[in 'kua:le diret'tsio:ne 'de:vo an'da:re]
Wann/Wo fährt der Bus ab?	**Quando/Da dove parte l'autobus per ...?**	['kuando/da 'do:ve 'parte 'la:utobus per ...]
Wann/Wo fährt die erste/letzte U-Bahn nach ...?	**Quando/Da dove parte il primo/l'ultimo metrò per ...?**	['kuando/da 'do:ve 'parte il 'pri:mo/'lultimo me'trɔ per ...]
Wo ist das Gleis ...?	**Dov'è il binario ...?**	[do'vɛ il bi'na:rio...]
Fährt dieser Bus nach ...?	**Questo autobus va a ...**	['kue:sto 'a:utobus va a ...]

Abfahrt	**partenza** *f*	[par'tɛntsa]
anhalten	**fermare**	[fer'ma:re]
Ankunft	**arrivo** *m*	[ar'ri:vo]
Ausgang	**uscita** *f*	[uʃ'ʃi:ta]
ausrufen	**annunciare**	[annun'tʃa:re]
aussteigen	**scendere**	['ʃendere]
Bahnsteig	**binario** *m*	[bi'na:rio]
behindertengerecht	**accessibile ai disabili**	[attʃes'si:bile ai di'za:bili]
Bus	**autobus** *m*	['a:utobus]
Busfahrer	**conducente** *m* **d'autobus**	[kondu'tʃɛnte 'da:utobus]
Bushaltestelle	**fermata** *f* **dell'autobus**	[fer'ma:ta dell'a:utobus]
Eingang	**entrata** *f*	[en'tra:ta]
einsteigen	**salire**	[sa'li:re]
Endstation	**capolinea** *m*	[kapo'li:nea]
Fahrgast	**passeggero** *m*	[passed'dʒɛ:ro]
Fahrkarte	**biglietto** *m*	[biʎ'ʎetto]
Fahrkartenautomat	**distributore** *m* **automatico di biglietti**	[distribu'to:re auto'ma:tiko di biʎ'ʎetti]
Fahrkartenkontrolleur	**controllore** *m*	[kontrol'lo:re]
Fahrplan	**orario** *m*	[o'ra:rio]
Fahrpreis	**prezzo** *m* **del biglietto**	['prɛttso del biʎ'ʎetto]
Fahrschein	**biglietto** *m*	[biʎ'ʎetto]
Fahrscheinentwerter	**obliteratrice** *f*	[oblitera'tri:tʃe]
Familienkarte	**biglietto** *m* **per la famiglia**	[biʎ'ʎetto per la fa'miʎʎa]

halten	**fermare**	[fer'ma:re]
Haltestelle	**fermata** *f*	[fer'ma:ta]
Nachtbus	**autobus** *m* **notturno**	['a:utobus not'turno]
Richtung	**direzione** *f*	[diret'tsio:ne]
S-Bahn	**ferrovia** *f* **urbana**	[ferro'vi:a ur'ba:na]
S-Bahnstation	**stazione** *f* **ferroviaria**	[stat'tsio:ne ferro'via:ria]
Straßenbahn	**tram** *m*	[tram]
Tageskarte	**biglietto** *m* **giornaliero**	[biʎ'ʎetto dʒorna'liɛːro]
Tarifzone	**zona** *f* **a tariffaria**	['dzɔ:na tarif'fa:ria]
Taxi	**taxi** *m*	['ta:xi]

Taxis sind in Italien weiß oder auch gelb. Meist gibt es in jedem Taxi ein Taxameter, wenn nicht, sollten Sie unbedingt vorher den Preis erfragen. Es kann sonst eine böse Überraschung geben.

Taxifahrer	**conducente** *m* **di taxi**	[kondu'tʃɛnte di 'ta:xi]
Taxistand	**posteggio** *m* **dei taxi**	[pos'teddʒo 'de:i 'ta:xi]
U-Bahn	**metropolitana** *f*	[metropoli'ta:na]
U-Bahnstation	**stazione** *f* **del metrò**	[stat'tsio:ne del me'trɔ]
umsteigen	**cambiare**	[kam'bia:re]
Wochenkarte	**biglietto** *m* **settimanale**	[biʎ'ʎetto settima'na:le]

Übernachten & Wohnen

Können Sie mir ein Hotel empfehlen?	**Mi può consigliare un albergo?**	[mi ˈpuɔ konsiˈʎːaːre un alˈbɛrgo]
Es soll komfortabel/preisgünstig/zentral gelegen sein.	**Deve essere como-do/economico/centrale.**	[ˈdeːve ˈɛssere ˈkɔːmodo/ekoˈnɔːmiko/tʃenˈtraːle]
Hat das Hotel einen eigenen Pool/Zugang zum Strand?	**L'albergo ha una piscina/un accesso alla spiaggia?**	[lalˈbɛrgo a ˈuːna piʃˈʃiːna/un atˈtʃɛsso ˈalla ˈspiaddʒa]
Wo ist das Hotel ...?	**Dov'è l'albergo ...?**	[doˈvɛ lalˈbɛrgo ...]
Haben Sie noch ein Zimmer frei?	**Ha una camera libera?**	[a ˈuːna ˈkaːmera ˈliːbera]
Für eine Nacht/2 Tage/eine Woche.	**Per una notte/due giorni/una setti-mana.**	[per ˈuːna ˈnɔtte/ˈduːe ˈdʒorni/ˈuːna settiˈmaːna]
Wie viel kostet das Zimmer pro Tag mit Frühstück/Halbpension/Vollpension?	**Quanto costa la camera al giorno con colazione/mezza pensione/ pensione completa?**	[ˈkuanto ˈkoːsta la ˈkaːmera al ˈdʒorno kon kolatˈtsioːne/ˈmɛddza penˈsioːne/penˈsioːne komˈplɛːta]

Ich hätte gerne ein Einzelzimmer/Doppelzimmer mit Dusche und WC.	**Vorrei una camera singola/doppia con doccia e WC.**	[vor're:i 'u:na 'ka:mera 'siŋgola/ 'doppia kon 'dottʃa e vu'tʃi]
Bitte lassen Sie das Gepäck auf mein Zimmer bringen.	**Mi faccia portare il bagaglio in camera, per favore.**	[mi 'fattʃa por'ta:-re il ba'gaʎʎo in 'ka:mera per fa'vo:re]
Wo kann ich meine Wertsachen aufbewahren?	**Dove posso lasciare le cose di valore?**	['do:ve 'pɔsso laʃ'ʃa:re le 'kɔ:se di va'lo:re]
Bitte den Schlüssel für Zimmer Nr. ...	**Per favore, la chiave della camera numero ...**	[per fa'vo:re la 'kia:ve 'della 'ka:-mera 'nu:mero ...]
Bitte wecken Sie mich morgen Früh um ... Uhr.	**Per favore, mi svegli domani mattina alle ...**	[per fa'vo:re mi 'zveʎʎi do'ma:ni mat'ti:na 'alle ...]
Wann sind die Essenszeiten?	**A che ora sono i pasti?**	[a ke 'o:ra 'so:no i 'pa:sti]
Wo kann man hier frühstücken?	**Dove si può fare colazione qui?**	['do:ve si 'puɔ 'fa:re kolat'tsio:ne kui]

Würden Sie mir bitte ... bringen?	**Mi può portare ...?**	[mi ˈpuɔ porˈtaːre ...]
Ich bin sehr zufrieden.	**Sono molto contento/a.**	[ˈsoːno ˈmolto konˈtɛnto/a]
Das Zimmer gefällt mir (uns).	**La camera mi (ci) piace.**	[la ˈkaːmera mi (tʃi) ˈpiaːtʃe]
Haben Sie ein Zimmer mit Blick auf das Meer?	**Ha una camera con vista mare?**	[a ˈuːna ˈkaːmera con ˈvista ˈmaːre]
Das Essen ist hervorragend.	**Il cibo è squisito.**	[il ˈtʃiːbo ɛ skuiˈziːto]
Ich habe sehr gut geschlafen.	**Ho dormito molto bene.**	[ɔ dorˈmiːto ˈmolto ˈbɛːne]
Das Personal ist sehr zuvorkommend.	**Il personale è molto premuroso.**	[il persoˈnaːle ɛ ˈmolto premuˈroːzo]
Ich habe eine Reklamation.	**Ho da fare un reclamo.**	[ɔ da ˈfaːre un reˈklaːmo]
Ich habe kein (warmes) Wasser.	**Non ho acqua (calda).**	[noˈnɔ ˈakkua (ˈkalda)]

Das Zimmer wurde nicht gereinigt.	**La camera non è stata pulita.**	[la ˈkaːmera noˈnɛ ˈstaːta puˈliːta]
Die Dusche/Das Licht/ Die Heizung funktioniert nicht.	**La doccia/La luce/ Il riscaldamento non funziona.**	[la ˈdottʃa/ la ˈluːtʃe/il riskaldaˈmento non funˈtsioːna]
Die Matratze ist sehr unbequem.	**Il materasso è molto scomodo.**	[il mateˈrasso ɛ ˈmolto ˈskoːmodo]
Das Waschbecken/Die Toilette ist verstopft.	**Il lavandino/Il gabinetto è intasato.**	[il lavanˈdiːno/ il gabiˈnetto ɛ intaˈzaːto]
Das Essen ist ungenießbar.	**Il cibo è immangiabile.**	[il ˈtʃiːbo ɛ immanˈdʒaːbile]
Machen Sie bitte die Rechnung für mich fertig.	**Mi prepari il conto, per favore.**	[mi preˈpaːri il ˈkonto per faˈvoːre]
Kann ich mit Kreditkarte bezahlen?	**Posso pagare con la carta di credito?**	[ˈpɔsso paˈgaːre kon la ˈkarta di ˈkreːdito]
Ich hatte bereits eine Anzahlung geleistet.	**Ho già pagato un acconto.**	[ɔ dʒa paˈgaːto un akˈkonto]

Abendessen	**cena** *f*	[ˈtʃeːna]
Abreise	**partenza** *f*	[parˈtɛntsa]
Ankunft	**arrivo** *m*	[arˈriːvo]
Anmeldung	**prenotazione** *f*	[prenotatˈtsioːne]
Ausgang	**uscita** *f*	[uʃˈʃiːta]
Badezimmer	**bagno** *m*	[ˈbaɲo]
Balkon	**balcone** *m*	[balˈkoːne]
Bedienung	**servizio** *m*	[serˈvittsio]
Bett	**letto** *m*	[ˈlɛtto]
Bettdecke	**coperta** *f*	[koˈpɛrta]
Bettwäsche	**lenzuola** *f pl*	[lenˈtsuɔːla]
Dusche	**doccia** *f*	[ˈdottʃa]
Eingang	**entrata** *f*	[enˈtraːta]
Empfang	**reception** *f*	[riˈsepʃon]
Etage	**piano** *m*	[ˈpiaːno]
Fahrstuhl	**ascensore** *m*	[aʃʃenˈsoːre]
Fenster	**finestra** *f*	[fiˈnɛːstra]
Fitnessraum	**palestra** *f*	[paˈlɛːstra]
Frühstück	**colazione** *f*	[kolatˈtsioːne]
Frühstücksraum	**sala** *f* **della colazione**	[ˈsaːla ˈdella kolatˈtsioːne]
Halbpension	**mezza** *f* **pensione**	[ˈmɛddza penˈsioːne]
Handtuch	**asciugamano** *m*	[aʃʃugaˈmaːno]
Heizung	**riscaldamento** *m*	[riskaldaˈmento]
Hotel	**albergo** *m*	[alˈbɛrgo]
Hotelhalle	**hall** *f*	[ɔl]
Hotelrestaurant	**ristorante** *m* **dell'albergo**	[ristoˈrante dellalˈbɛrgo]
Kamin	**camino** *m*	[kaˈmiːno]

Keller	**cantina** f	[kan'ti:na]
Kleiderbügel	**gruccia** f	['gruttʃa]
Klimaanlage	**aria** f **condizionata**	['a:ria kon-ditsio'na:ta]
Korridor	**corridoio** m	[korri'do:io]
Lampe	**lampada** f	['lampada]
Liegestuhl	**sdraio** m	['zdra:io]
Lüftung	**ventilazione** f	[ventilat'tsio:ne]
Mittagessen	**pranzo** m	['prandzo]
Pförtner	**portiere** m	[por'tiɛːre]
Preis	**prezzo** m	['prɛttso]
Privatstrand	**spiaggia** f **privata**	['spiaddʒa pri'va:ta]
Rechnung	**fattura** f	[fat'tu:ra]
Reiseleiter	**guida** f	['gui:da]
Rezeption	**reception** f	[ri'sepʃon]
Saison	**stagione** f	[sta'dʒo:ne]
Sauna	**sauna** f	['sa:una]
Schlüssel	**chiave** f	['kia:ve]
Schrank	**armadio** m	[ar'ma:dio]
Schublade	**cassetto** m	[kas'setto]
Sessel	**poltrona** f	[pol'tro:na]
Sicherung	**dispositivo** m **di sicurezza**	[dispozi'ti:vo di siku'rettsa]
Sonnenschirm	**ombrellone** m	[ombrel'lo:ne]
Speisesaal	**sala** f **da pranzo**	['sa:la da'prandzo]
Spiegel	**specchio** m	['spɛkkio]
Spielplatz	**parco** m **giochi**	['parko 'dʒɔ:ki]
Steckdose	**presa** f	['pre:sa]
Stecker	**spina** f	['spi:na]

Stuhl	**sedia** *f*	[ˈsɛːdia]
Swimmingpool	**piscina** *f*	[piʃˈʃiːna]
Telefon	**telefono** *m*	[teˈlɛːfono]
Teppich	**tappeto** *m*	[tapˈpeːto]
Terrasse	**terrazza** *f*	[terˈrattsa]
Tisch	**tavolo** *m*	[ˈtaːvolo]
Toilette	**toilette** *f*	[tuaˈlɛt]
Treppe	**scala** *f*	[ˈskaːla]
Tür	**porta** *f*	[ˈporta]
Türklinke	**maniglia** *f*	[maˈniʎʎa]
Übernachtung	**pernottamento** *m*	[pernottaˈmento]
Unterkunft	**soggiorno** *m*	[sodˈdʒorno]

> Wer im Hotel ein „camera doppia" bucht, bekommt ein Zimmer mit zwei Betten; das Zimmer mit Ehebett heißt auf Italienisch „camera matrimoniale".
> Eine gute Alternative zu einer Hotelbuchung ist die Unterkunft auf einem „Agriturismo": Ferien auf dem Land.

Ventilator	**ventilatore** *m*	[ventilaˈtoːre]
vermieten	**affittare**	[affitˈtaːre]
Vollpension	**pensione** *f* **completa**	[penˈsioːne komˈplɛːta]
Wand	**parete** *f*	[paˈreːte]
Waschbecken	**lavandino** *m*	[lavanˈdiːno]
Zimmer	**camera** *f*	[ˈkaːmera]
Zimmermädchen	**signora** *f* **delle pulizie**	[siɲˈɲoːra ˈdelle pulitˈtsiːe]
Zwischenstecker	**riduttore** *m*	[ridutˈtoːre]

Bitte legen Sie benutzte Handtücher auf den Boden.	**Metta per favore gli asciugamani usati per terra.**	['metta per fa'vo:re ʎi aʃʃuga'ma:ni u'za:ti per 'tɛrra]
Die Sauna ist bis 22 Uhr geöffnet.	**La sauna è aperta fino alle ventidue.**	[la 'sa:una ɛ a'pɛrta 'fi:no 'alle venti'du:e]
Das Schwimmbad bitte nur mit Badekappe betreten.	**L'accesso alla piscina è consentito solo con la cuffia.**	[lat'tʃɛsso 'alla pi'ʃi:na ɛ konsen'ti:to 'so:lo kon la 'kuffia]
Unseren Weckruf können Sie an der Rezeption/am Empfang bestellen.	**Il servizio sveglia va richiesto alla reception.**	[il ser'vittsio 'ʒveʎʎa va ri'kiɛ:sto 'alla ri'sepʃon]
Den Zimmerschlüssel geben Sie beim Verlassen des Hotels bitte an der Rezeption ab.	**Quando lasciate l'albergo consegnate la chiave alla reception, per favore.**	['kuando laʃ'ʃa:te lal'bɛrgo konseɲ'na:te la 'kia:ve 'alla ri'sepʃon per fa'vo:re]
Der Notausgang befindet sich am Ende des Flures.	**L'uscita di sicurezza si trova alla fine del corridoio.**	[luʃ'ʃi:ta di siku'rettsa si 'tro:va 'alla 'fi:ne del korri'do:io]

Gibt es in der Nähe einen Campingplatz?	**C'è un campeggio qui vicino?**	[tʃɛ un kamˈpeddʒo ˈkui viˈtʃi:no]
Vermieten Sie auch Wohnwagen?	**Affittate anche roulotte?**	[affitˈta:te ˈaɲke ruˈlɔt]
Haben Sie noch Platz für ein Zelt/einen Wohnwagen?	**Avete ancora posto per una tenda/una roulotte?**	[aˈve:te aɲˈko:ra ˈpɔ:sto per ˈu:na ˈtɛnda/ˈu:na ruˈlɔt]
Können wir hier zelten?	**Possiamo campeggiare qui?**	[posˈsia:mo kampedˈdʒa:re ˈkui]
Können wir einen Platz im Schatten erhalten?	**Possiamo avere un posto all'ombra?**	[posˈsia:mo aˈve:re un ˈpɔ:sto alˈlombra]
Wie hoch ist die Gebühr für ein Auto/einen Wohnwagen/ein Wohnmobil/ein Zelt?	**Quanto si paga per una macchina/per una roulotte/per un camper/per una tenda?**	[ˈkuanto si ˈpa:ga per ˈu:na ˈmakkina/per ˈu:na ruˈlɔt/per un ˈkamper/per u:na ˈtɛnda]
Wie hoch ist die Gebühr pro Übernachtung und Kopf?	**Quanto si paga a notte e a persona?**	[ˈkuanto si ˈpa:ga a ˈnɔtte e a perˈso:na]

Welche Öffnungszeiten hat die Campingplatzverwaltung?	**Che orari ha la reception?**	[ke o'ra:ri a la ri'sepʃon]
Ich bleibe ... Tage/Wochen.	**Io resto ... giorni/settimane.**	['i:o 're:sto ... 'dʒorni/ setti'ma:ne]
Kann ich hier Gasflaschen ausleihen/tauschen?	**Posso avere in prestito/cambiare una bombola?**	['pɔsso a've:re in 'pre:stito/ kam'bia:re la 'bombola]
Kann man hier ...?	**Qui si può/si possono ...?**	['kui si 'puɔ/ si 'pɔs'sono ...]
Gibt es hier einen Stromanschluss?	**Qui c'è una presa elettrica?**	['kui tʃɛ 'u:na 'pre:sa e'lɛttrika]
Haben Sie 220 oder 110 Volt?	**Avete 220 o 110 volt?**	[a've:te duetʃɛnto-'venti o tʃɛnto-'die:tʃi vɔlt]
Haben Sie Butangas?	**Ha gas butano?**	[a gas bu'ta:no]
Gibt es hier in der Nähe ein Lebensmittelgeschäft?	**C'è un negozio di alimentari qui vicino?**	[tʃɛ un ne'gɔttsio di alimen'ta:ri 'kui vi'tʃi:no]

Gibt es hier einen Kinderspielplatz?	**C'è un parco giochi qui?**	[tʃɛ un parˈko ˈdʒoːki ˈkui]
Wird der Platz nachts bewacht?	**C'è un controllo notturno?**	[tʃɛ un konˈtrɔllo notˈturno]
Wo finde ich die Mülltonnen/Toiletten/ Waschräume?	**Dove trovo i cassonetti/i bagni/ i lavatoi?**	[ˈdoːve ˈtroːvo i kassoˈnetti/i ˈbaɲɲi/i lavaˈtoːi]
Wo kann ich hier das Chemieklo entsorgen?	**Dove posso svuotare il bagno chimico?**	[ˈdoːve ˈpɔsso zvuoˈtaːre il ˈbaɲɲo kiːmiko]
Wo kann ich Zeltzube- hör/Werkzeug kaufen/ ausleihen?	**Dove posso com- prare/affittare l'attrezzatura per la tenda/attrezzi?**	[ˈdoːve ˈpɔsso komˈpraːre/affit- taːre lattrettsaː- tuːra per la ˈtɛnda/ atˈtrettsi]
Wo kann man hier ...?	**Dove si può/si possono ...?**	[ˈdoːve si ˈpuɔ/si ˈpɔssono ...]
Wo sind die Duschen?	**Dove sono le docce?**	[ˈdoːve ˈsoːno le ˈdottʃe]

> ℹ️ *Wild campen ist in Italien verboten. Wenn man erwischt wird, drohen einem Bußgelder bis zu 500 Euro!*

Anhängerkupplung	**gancio di traino** *m*	[ˈgantʃo di ˈtraino]
Campingausweis	**tessera** *f* **da campeggio**	[ˈtessera da kamˈpeddʒo]
Campingplatz	**posto** *m* **da campeggio**	[ˈpɔsto da kamˈpeddʒo]
Dusche	**doccia** *f*	[ˈdottʃa]
Fahrrad	**bicicletta** *f*	[bitʃiˈkletta]
Gasflasche	**bombola** *f*	[ˈbombola]
Geschirr	**stoviglie** *f pl*	[stoˈviʎʎe]
Grill	**barbecue** *m*	[barbeˈkiu]
Kochgeschirr	**stoviglie** *f pl* **da cucina**	[stoˈviʎʎe da kuˈtʃiːna]
Kochstelle	**piano** *m* **cottura**	[ˈpiaːno kotˈtuːra]
Kühlschrank	**frigorifero** *m*	[frigoˈriːfero]
Leihgebühr	**prezzo** *m* **di noleggio**	[ˈprettso di noˈleddʒo]
Schlafsack	**sacco** *m* **a pelo**	[ˈsakko a ˈpeːlo]
Spirituskocher	**fornello** *m* **da campeggio**	[forˈnɛllo da kamˈpeddʒo]
Stellplatz	**posto** *m*	[ˈpɔsto]
Stromanschluss	**presa** *f* **di corrente**	[ˈpreːsa di korˈrɛnte]
Stromspannung	**tensione** *f* **elettrica**	[tenˈsioːne eˈlettrika]
Toilette	**toilette** *f*	[tuaˈlɛt]
Voranmeldung	**prenotazione** *f*	[prenotatˈtsioːne]
Wohnmobil	**camper** *m*	[ˈkamper]
Wohnwagen	**roulotte** *f*	[ruˈlɔt]
Zelt	**tenda** *f*	[ˈtɛnda]
zelten	**campeggiare**	[kampedˈdʒaːre]

Gibt es hier eine Jugendherberge?	**C'è un ostello qui vicino?**	[tʃɛ un osˈtɛllo ˈkui viˈtʃiːno]
Haben Sie noch etwas frei?	**C'è qualcosa di libero?**	[tʃɛ kualˈkɔːsa di ˈliːbero]
Kann ich ein Zimmer mit meinem Mann/ meiner Frau teilen?	**Posso dividere la stanza con mio marito/mia moglie?**	[ˈpɔsso diˈviːdere la ˈstantsa kon ˈmiːo maˈriːto/miːa ˈmoʎʎe]
Gibt es ein Familien- zimmer?	**C'è una stanza per famiglie?**	[tʃɛ ˈuːna ˈstantsa per faˈmiʎʎe]
Wie viel kostet die Übernachtung?	**Quanto costa il pernottamento?**	[ˈkuanto ˈkoːsta il pernottaˈmento]
Ich bleibe ... Tage.	**Resto ... giorni.**	[ˈreːsto ... ˈdʒorni]
Kann ich Bettwäsche ausleihen?	**Posso avere le len- zuola in prestito?**	[ˈpɔsso aˈveːre le lenˈtsuɔːla in ˈprɛːstito]
Gibt es hier Schließ- fächer?	**C'è una cassetta di sicurezza?**	[tʃɛ ˈuːna kasˈsetta di sikuˈrettsa]
Können wir an der Rezeption immer jemanden erreichen?	**Troviamo sempre qualcuno alla recep- tion?**	[troˈviaːmo ˈsɛmpre kualˈkuːno ˈalla riˈsepʃon]

Abmeldung	**disdetta** *f*	[diz'detta]
Adapter	**adattatore** *m*	[adatta'to:re]
Anmeldung	**iscrizione** *f*	[iskrit'tsio:ne]
Bad	**bagno** *m*	['baɲɲo]
Bar	**bar** *m*	[bar]
Bettlaken	**lenzuolo** *m*	[len'tsuɔ:lo]
Bettwäsche	**lenzuola** *f pl*	[len'tsuɔ:la]
Doppelzimmer	**camera** *f* **doppia**	['ka:mera 'doppia]
Dusche	**doccia** *f*	['dottʃa]
Einzelzimmer	**camera** *f* **singola**	['ka:mera 'siŋgola]
Empfangshalle	**hall** *f*	[ɔl]
Essenszeiten	**orario** *m* **dei pasti**	[o'ra:rio 'de:i 'pa:sti]
Essgeschirr	**stoviglie** *f pl*	[sto'viʎʎe]
Fahrrad	**bicicletta** *f*	[bitʃi'kletta]
Familienzimmer	**camera** *f* **per famiglie**	['ka:mera per fa'miʎʎe]
Fernsehraum	**sala** *f* **della televisione**	['sa:la 'della televi'zio:ne]
Frühstück	**colazione** *f*	[kolat'tsio:ne]
Gemeinschaftsraum	**sala** *f* **comune**	['sa:la ko'mu:ne]
Handtuch	**asciugamano** *m*	[aʃʃuga'ma:no]
Herbergseltern	**direttori** *m pl* **dell'ostello**	[diret'to:ri dell-o'stɛllo]
Jugendherberge	**ostello** *m* **della gioventù**	[o'stɛllo 'della dʒoven'tu]
Jugendherbergsausweis	**tessera** *f* **associativa agli ostelli**	['tessera assotʃa'ti:va 'aʎʎi o'stɛlli]
Kaution	**cauzione** *f*	[kaut'tsio:ne]

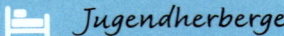
Kochmöglichkeit	**possibilità** f **di cucinare**	[possibili'ta di kutʃi'na:re]
Leihgebühr	**diritto** m **di noleggio**	[di'ritto di no'leddʒo]
Mitgliedskarte	**tessera** f **associativa**	['tessera assotʃa'ti:va]
Notausgang	**uscita** f **di sicurezza**	[uʃ'ʃi:ta di siku'rettsa]
parken	**parcheggiare**	[parked'dʒa:re]
Rechnung	**conto** m	['konto]
Schlafsaal	**dormitorio** m	[dormi'to:rio]
Schlafsack	**sacco** m **a pelo**	['sakko a 'pe:lo]
Speisesaal	**sala** f **da pranzo**	['sa:la da 'prandzo]
Spielplatz	**parco** m **giochi**	['parko 'dʒɔ:ki]
Steckdose	**presa** f	['pre:sa]
Strom	**corrente** f	[kor'rɛnte]
telefonieren	**telefonare**	[telefo'na:re]
Tresor	**cassaforte** f	[kassa'fɔrte]
Voranmeldung	**prenotazione** f	[prenotat'tsio:ne]
Waschmaschine	**lavatrice** f	[lava'tri:tʃe]
Waschraum	**lavatoio** m	[lava'to:io]
Wertsachen	**oggetti** m pl **di valore**	[od'dʒɛtti di va'lo:re]
Zimmerschlüssel	**chiave** f **della camera**	['kia:ve 'della 'ka:mera]
zweite Etage	**secondo piano** m	[se'kondo 'pia:no]

Haben Sie noch eine Wohnung frei?	**Ha un appartamento libero?**	[a unapparta'men-to 'li:bero]
Haben Sie eine Wohnung mit Balkon?	**Ha un appartamento con balcone?**	[a unapparta'men-to kon bal'ko:ne]
Gibt es eine Wohnung mit einem Kinderzimmer?	**C'è un appartamento con la camera per bambini?**	[tʃɛ unapparta-'mento kon la 'ka:mera per bam'bi:ni]
Wie groß ist die Wohnung?	**Quanto è grande l'appartamento?**	['kuanto ɛ 'grande lapparta'mento]
Haben sie Nichtraucherwohnungen?	**Avete un appartamento per non fumatori?**	[a've:te unapparta'mento per non fuma'to:ri]
Was kostet die Wohnung in der Hauptsaison/Nebensaison?	**Quanto costa l'appartamento in alta/in bassa stagione?**	['kuanto 'ko:sta lapparta'mento in 'alta/in 'bassa sta'dʒo:ne]
Wir hätten gern zwei Wohnungen nebeneinander.	**Vorremmo due appartamenti uno accanto all'altro.**	[vor'remmo 'du:e apparta'menti'u:no ak'kanto al'laltro]
Ich habe eine Wohnung reserviert.	**Ho prenotato un appartamento.**	[ɔ preno'ta:to un apparta'mento]

In welcher Etage ist unsere Wohnung?	**A che piano è il nostro apparta-mento?**	[a ke ˈpiaːno ɛ il ˈnɔːstro apparta-ˈmento]
Wie viele Zimmer hat unsere Wohnung?	**Quante camere ha il nostro apparta-mento?**	[ˈkuante ˈkaːmere a il ˈnɔːstro apparta ˈmento]
Haben sie eine größere/kleinere Wohnung für uns?	**Avete un apparta-mento più grande/piccolo per noi?**	[aˈveːte un apparta ˈmento ˈpiu ˈgrande/ˈpikkolo per noːi]
Können Sie uns bitte unsere Wohnung zeigen?	**Ci può fare vedere il nostro apparta-mento?**	[tʃi ˈpuɔ ˈfaːre veˈdeːre il ˈnɔːstro apparta ˈmento]
Wir nehmen die Wohnung.	**Prendiamo l'appar-tamento.**	[prenˈdiaːmo lapparta ˈmento]
Wo bekommen wir den Schlüssel?	**Dove possiamo avere la chiave?**	[ˈdoːve posˈsiaːmo aˈveːre la ˈkiaːve]
Wie viele Schlüssel bekommen wir?	**Quante chiavi avremo?**	[ˈkuante ˈkiaːvi aˈvreːmo]
Müssen wir eine Kaution hinterlegen?	**Dobbiamo pagare una cauzione?**	[dobˈbiaːmo paˈgaːre ˈuːna kautˈtsioːne]

Sind Haustiere erlaubt?	**Sono permessi animali domestici?**	['so:no per'messi ani'ma:li do'mɛ:stitʃi]
Kann man Bettwäsche ausleihen?	**Si possono prendere in prestito le lenzuola?**	[si 'pɔssono 'prɛndere in 'prɛːstito le len'tsuɔːla]
Gibt es ein zusätzliches Kinderbett?	**C'è un lettino per bambini in più?**	[tʃɛ un let'ti:no per bam'bini in piu]
Gibt es eine Klimaanlage?	**C'è l'aria condizionata?**	[tʃɛ 'laːria konditsio'na:ta]
Ist ein Fernseher in der Wohnung?	**C'è la televisione nell'appartamento?**	[tʃɛ la televi'zio:ne nellappar-ta'mento]
Ist die Küche komplett ausgestattet?	**La cucina è completamente attrezzata?**	[la ku'tʃiːna ɛ kompleta'mente attret'tsa:ta]
Gibt es Gartenmöbel?	**Ci sono mobili da giardino?**	[tʃi 'so:no 'mo:bili da dʒar'di:no]
Haben Sie einen Sonnenschirm?	**Ha un ombrellone?**	[ʜa un ombrel-'lo:ne]

Ist ein Spielplatz in der Nähe?	**C'è un parco giochi vicino?**	[tʃɛ un ˈparko ˈdʒoːki viˈtʃiːno]
Kann ich hier Fahrräder leihen?	**Si possono affittare biciclette?**	[si ˈpɔssono affitˈtaːre bitʃiˈklette]
Müssen wir die Endreinigung übernehmen?	**Dobbiamo pagare la pulizia finale?**	[dobˈbiaːmo paˈgaːre la pulitˈtsiːa fiˈnaːle]
Ist der Stromverbrauch im Mietpreis enthalten?	**Il consumo elettrico è incluso nel prezzo?**	[il konˈsuːmo eˈlɛttriko ɛ inˈkluːzo nel ˈprɛttso]
Wo ist der Sicherungskasten?	**Dov'è il pannello degli interruttori?**	[doˈvɛ il panˈnello ˈdeʎʎi interrutˈtoːri]
Die Heizung funktioniert nicht richtig.	**Il riscaldamento non funziona bene.**	[il riskaldaˈmento non funˈtsioːna ˈbɛːne]
Unsere Nachbarn rechts/links/oben/unten sind zu laut am Tag/in der Nacht.	**I nostri vicini di destra/di sinistra/ di sopra/di sotto sono troppo rumorosi di giorno/la notte.**	[i ˈnɔːstri viˈtʃiːni di ˈdɛːstra/di siˈniːstra/di ˈsoːpra/di ˈsotto ˈsoːno ˈtrɔppo rumoˈroːzi di ˈdʒorno/la ˈnɔtte]

| Abfluss | **scarico** m | ['ska:riko] |
| Adapter | **adattatore** m | [adatta'to:re] |

> **i** In Italien beträgt die Stromspannung wie in Deutschland 220 Volt. Dennoch benötigen Sie oftmals einen Adapter, den Sie in Deutschland und auch vor Ort in Elektrofachgeschäften erhalten, da die italienischen Steckdosen dreipolig sind.

Appartement	**appartamento** m	[apparta'mento]
Aufzug	**ascensore** m	[aʃʃen'so:re]
Backofen	**forno** m	['forno]
Badewanne	**vasca** f **da bagno**	['va:ska da 'baɲɲo]
Balkon	**balcone** m	[bal'ko:ne]
Besteck	**posate** f pl	[po'za:te]
defekt	**difettoso**	[difet'to:zo]
Doppelbett	**letto** m **matrimoniale**	['lɛtto matri-mo'nia:le]
Dusche	**doccia** f	['dottʃa]
Ferienhaus	**casa** f **di vacanza**	['ka:sa di va'kantsa]
Ferienwohnung	**appartamento** m **di vacanza**	[apparta'mento di va'kantsa]
Glühbirne	**lampadina** f	[lampa'di:na]
Grill	**grill** m	[gril]
Haustier	**animale** m **domestico**	[ani'ma:le do'mɛstiko]
Haustürschlüssel	**chiave** f **della porta d'ingresso**	['kia:ve 'della 'porta din'grɛsso]

Herd	**fornello** *m*	[for'nɛllo]
kaputt	**rotto**	['rotto]
Keller	**cantina** *f*	[kan'ti:na]
Kinderbett	**lettino** *m*	[let'ti:no]
Küche	**cucina** *f*	[ku'tʃi:na]
Kühlschrank	**frigorifero** *m*	[frigo'ri:fero]
Kühltruhe	**freezer** *m*	['fri:zer]
Licht	**luce** *f*	['lu:tʃe]
Müllabfuhr	**servizio** *m* **di net-tezza urbana**	[ser'vittsio di net'tettsa ur'ba:na]
Nachbar	**vicino** *m*	[vi'tʃi:no]
Parkplatz	**parcheggio** *m*	[par'keddʒo]
Quadratmeter	**metro** *m* **quadrato**	['mɛtro kua'dra:to]
Reklamation	**reclamo** *m*	[re'kla:mo]
Ruhe	**tranquillità** *f*	[trankuilli'ta]
Schlafcouch	**divano** *m* **letto**	[di'va:no 'letto]
Schlafzimmer	**camera** *f* **da letto**	['ka:mera da 'lɛtto]
Sonnenschirm	**ombrellone** *m*	[ombrel'lo:ne]
Spülmaschine	**lavastoviglie** *f*	[lavasto'viʎʎe]
Staubsauger	**aspirapolvere** *m*	[aspira'polvere]
Steckdose	**presa** *f*	['pre:sa]
Stromanschluss	**presa** *f* **di corrente**	['pre:sa di kor'rɛnte]
Teller	**piatto** *m*	['piatto]
Terrasse	**terrazza** *f*	[ter'rattsa]
Waschmaschine	**lavatrice** *f*	[lava'tri:tʃe]

Essen & Trinken

Ich möchte einen Tisch reservieren.	**Vorrei prenotare un tavolo.**	[vorˈrɛi prenoˈtaːre un ˈtaːvolo]
Heute Abend gegen 20 Uhr.	**Stasera verso le 20.**	[staˈseːra ˈvɛrso le ˈventi]
Bis wann kann man bei Ihnen warm essen?	**Fino a che ora si può mangiare un piatto caldo da voi?**	[ˈfiːno a ke ˈoːra si ˈpuɔ manˈdʒaːre un ˈpiatto ˈkaldo da ˈvoːi]
Mein Name ist ...	**Il mio nome è ...**	[il ˈmiːo ˈnoːme ɛ ...]
Haben Sie einen Parkplatz hinter dem Haus?	**Avete un parcheggio dietro al ristorante?**	[aˈvete un parˈkeddʒo ˈdiɛːtro al ristoˈrante]
Ich habe einen Tisch für ... Personen reservieren lassen.	**Ho prenotato un tavolo per ... persone.**	[ɔ prenoˈtaːto un ˈtaːvolo per ... perˈsone]
Können Sie zwei Tische zusammenschieben?	**Possiamo unire due tavoli?**	[posˈsiaːmo uˈniːre ˈduːe ˈtaːvoli]
Wir speisen nach Karte.	**Mangiamo alla carta.**	[manˈdʒaːmo ˈalla ˈkarta]

Abendessen	**cena** *f*	[ˈtʃeːna]
ausgezeichnet	**perfetto**	[perˈfetto]
Begleitung	**accompagnamento** *m*	[akkompaɲaˈmento]
Beschwerde	**reclamo** *m*	[reˈklaːmo]
bestellen	**ordinare**	[ordiˈnaːre]
Bestellung	**ordinazione** *m*	[ordinatˈtsioːne]
Empfehlung	**consiglio** *m*	[konˈsiːʎʎo]
Garderobe	**guardaroba** *m*	[guardaˈrɔːba]
Hauptspeise	**piatto** *m* **principale**	[ˈpiatto printʃiˈpaːle]
Karte	**menù** *m*	[meˈnu]
Kinderstuhl	**seggiolone** *m*	[seddʒoˈloːne]
Kellner	**cameriere** *m*	[kameˈriɛːre]
Menü	**menu** *m*	[meˈnu]
Mittagessen	**pranzo** *m*	[ˈprandzo]
Nachspeise	**dolce** *m*	[ˈdoltʃe]
Ober	**cameriere** *m*	[kameˈriɛːre]
Person	**persona** *f*	[perˈsoːna]
Portion	**porzione** *f*	[porˈtsioːne]
Preis	**prezzo** *m*	[ˈprɛttso]
reservieren	**prenotare**	[prenoˈtaːre]
Restaurant	**ristorante** *m*	[ristoˈrante]
Speisekarte	**menù** *m*	[meˈnu]
Tisch	**tavolo** *m*	[ˈtaːvolo]
Trinkgeld	**mancia** *f*	[ˈmantʃa]
vorbereiten	**preparare**	[prepaˈraːre]
vorbestellen	**prenotare**	[prenoˈtaːre]
Vorspeise	**antipasto** *m*	[antiˈpasto]
Wartezeit	**tempo** *m* **d'attesa**	[ˈtɛmpo datˈteːsa]
Weinkarte	**carta** *f* **dei vini**	[ˈkarta ˈdeːi ˈviːni]

Kellner/Bedienung/Fräulein!	**Cameriere/Cameriera!**	[kameˈriɛːre/kameˈriɛːra]
Ist die Bedienung/das Gedeck inklusive?	**Il servizio/Il coperto è incluso?**	[il serˈviːtsio/il koˈpɛrto ɛ inˈkluːzo]
Könnten Sie mir bitte einen Kindersitz bringen?	**Mi può portare un seggiolone, per favore?**	[mi ˈpuɔ porˈtaːre un seddʒoˈloːne per faˈvoːre]
Bringen Sie mir bitte die Speisekarte.	**Mi porta il menù, per favore?**	[mi ˈporta il meˈnu per faˈvoːre]
Haben Sie eine Tageskarte/ein Tagesessen?	**Avete un menù del giorno?**	[aˈveːte un meˈnu del ˈdʒorno]
Servieren Sie auch vegetarische Gerichte/Diätkost?	**Avete anche piatti vegetariani/dietetici?**	[aˈveːte ˈaŋke ˈpiatti vedʒetaˈriaːni/dieˈtɛːtitʃi]
Ich bin Vegetarier/Veganer/Diabetiker.	**Sono vegetariano/vegano/diabetico.**	[ˈsoːno vedʒetaˈriaːno/veˈgaːno/diaˈbɛːtiko]
Ich esse kein Fleisch.	**Non mangio carne.**	[non ˈmandʒo ˈkarne]

Können Sie mir etwas empfehlen?	**Mi può consigliare qualcosa?**	[mi 'puɔ consiʎ-'ʎa:re kual'kɔ:sa]
Welches sind die typischen Gerichte der einheimischen Küche?	**Quali sono i piatti tipici della cucina locale?**	['kua:li 'so:no i 'piatti 'ti:pitʃi 'della ku'tʃi:na lo'ka:le]
Was ist die Spezialität des Hauses?	**Qual è la specialità della casa?**	[kua'lɛ la spetʃali-'ta 'della 'ka:sa]
Gibt es auch Kinder-portionen?	**Ci sono anche por-zioni per bambini?**	[tʃi 'so:no 'aŋke por'tsio:ni per bam'bi:ni]
Servieren Sie auch frischen Fisch?	**Avete pesce fresco?**	[a've:te 'peʃʃe 'fresko]
Wir haben noch nicht gewählt.	**Non abbiamo ancora deciso.**	[non ab'bia:mo aŋ'ko:ra de'tʃi:zo]
Ich nehme ...	**Io prendo ...**	[i:o 'prɛndo ...]
Ich hätte gerne ...	**Vorrei ...**	[vor'rɛi ...]
Ich hätte gerne das gleiche wie diese Dame/dieser Herr.	**Vorrei quello che ha preso la signora/il signore.**	[vor'rɛi 'kuello ke a 'pre:so la siɲ'ɲo:ra/il siɲ'ɲo:re]

Wie heißt dieses Gericht?	**Come si chiama questo piatto?**	[ˈkoːme si ˈkiaːma ˈkueːsto ˈpiatto]
Das sieht sehr appetit-lich aus.	**Sembra molto gustoso.**	[ˈsembra ˈmolto gusˈtoːso]
Ich mag keine/keinen ..., können Sie das Gericht bitte ohne ... zubereiten?	**Non amo ..., può pre-parare il piatto senza ..., per favore?**	[non ˈaːmo .../ˈpuɔ prepaˈraːre il ˈpiatto ˈsɛntsa ... per faˈvoːre]
Könnte ich statt Kar-toffeln Reis bekom-men?	**Potrei avere del riso invece delle patate?**	[poˈtrɛːi aˈveːre del ˈriːso inˈveːtʃe ˈdelle paˈtaːte]
Bitte ein Glas/eine Flasche Wasser/Wein.	**Per favore un bic-chiere/una bottiglia di acqua/vino.**	[per faˈvoːre un bikˈkiɛːre/ˈuːna botˈtiʎʎa di ˈakkua/ˈviːno]
Als Vorspeise/Nach-speise hätte ich gerne ...	**Come antipasto/dolce vorrei ...**	[ˈkoːme antiˈpasto/ˈdoltʃe vorˈrɛːi ...]
Bringen Sie uns bitte noch etwas ...?	**Per favore ci porta ancora ...?**	[per faˈvoːre tʃi ˈpɔrta aŋˈkoːra ...]
Ja, ich nehme gerne noch etwas ...	**Sì, prendo volentieri ancora ...**	[si ˈprɛndo volen-ˈtiɛːri aŋˈkoːra ...]

Ich bin satt, danke.	**Sono sazio/a, grazie.**	[ˈsoːno ˈsaːtsio/a ˈgrattsie]
Ich hätte gerne einen Verdauungsschnaps.	**Vorrei un digestivo.**	[vorˈrɛːi un didʒesˈtiːvo]
Ich hätte gerne eine Tasse Kaffee ohne/mit Milch und Zucker.	**Vorrei un caffè senza/con latte e zucchero.**	[vorˈrɛːi un kafˈfɛ ˈsentsa/kon ˈlatte e ˈdzukkero]
Kompliment an die Küche!	**Complimenti al cuoco.**	[kompliˈmenti al ˈkuɔːko]
Es ist sehr gemütlich/ Es gibt eine sehr angenehme Atmosphäre hier.	**Qui è davvero molto accogliente/c'è una bella atmosfera.**	[ˈkui ɛ davˈveːro ˈmolto akkoʎˈʎɛnte/tʃe ˈuːna ˈbɛlla atmoˈsfɛːra]
Auf meinem Tisch fehlt Salz/Pfeffer/ Essig/Öl/eine Serviette/Zahnstocher.	**Scusi, manca il sale/ il pepe/l'aceto/l'olio/ un tovagliolo/uno stuzzicadente.**	[ˈskuːzi ˈmaŋka il ˈsaːle/il ˈpeːpe/la ˈtʃeːto/ˈlɔːlio/un tovaʎˈʎɔːlo/ˈuːno stuttsikaˈdɛnte]
Zum Wohl!	**Salute!**	[saˈluːte]
Prosit!	**Alla salute!**	[alla saˈluːte]
Guten Appetit!	**Buon appetito!**	[ˈbuɔn appeˈtiːto]

Bedeutung	servizio *f*	[ser'vittsio]
Beilage	contorno *m*	[kon'torno]
Besteck	posate *f pl*	[po'sa:te]
Bestellung	ordinazione *f*	[ordinat-'tsio:ne]
Essig	aceto *m*	[a'tʃe:to]
Eiskarte	carta *f* dei gelati	['karta 'de:i dʒe'la:ti]
Gabel	forchetta *f*	[for'ketta]
Gang	piatto *m*	['piatto]
Hauptspeise	piatto *m* principale	['piatto printʃi'pa:le]
hausgemacht	fatto in casa	['fatto in 'ka:sa]
Ketchup	ketchup *m*	['kɛtʃap]
Kellner/in	cameriere/a *m/f*	[kame'riɛ:re/a]
Kinderportion	porzione *f* da bambini	[por'tsio:ne da bam'bi:ni]
Löffel	cucchiaio *m*	[kuk'kia:io]
Messer	coltello *m*	[kol'tɛllo]
Nachtisch	dolce *m*	['doltʃe]
Pfeffer	pepe *m*	['pe:pe]
Portion	porzione *f*	[por'tsio:ne]
Salz	sale *m*	['sa:le]
Serviette	tovagliolo *m*	[tovaʎ'ʎo:lo]
Speisekarte	menù *m*	[me'nu]
Spezialität	specialità *f*	[spetʃali'ta]
Suppe	minestra *f*	[mi'nɛ:stra]
Tasse	tazza *f*	['tattsa]
Teller	piatto *m*	['piatto]
Vorspeise	antipasto *m*	[anti'pasto]
Weinkarte	lista *f* dei vini	['lista 'de:i 'vi:ni]

Frühstück

Brot	**pane** *m*	[ˈpaːne]
Brötchen	**panino** *m*	[paˈniːno]
Butter	**burro** *m*	[ˈburro]
Ei	**uovo** *m*	[ˈuɔːvo]
Fruchtsaft	**succo** *m* **di frutta**	[ˈsukko di ˈfrutta]
Getreideflocken	**cereali** *m pl*	[tʃereˈaːli]
Honig	**miele** *m*	[ˈmiɛːle]
Hörnchen	**cornetto** *m*	[korˈnetto]
Kaffee	**caffè** *m*	[kafˈfɛ]
Kakao	**cacao** *m*	[kaˈkaːo]
Käse	**formaggio** *m*	[forˈmaddʒo]
Marmelade	**marmellata** *f*	[marmelˈlaːta]
Milch	**latte** *m*	[ˈlatte]
Müsli	**musli** *m*	[ˈmusli]
Obst	**frutta** *f*	[ˈfrutta]
Rührei	**uovo** *m* **strapazzato**	[ˈuɔːvo strapatˈtsaːto]
Schinken	**prosciutto** *m*	[proʃˈʃutto]
Speck	**lardo** *m*	[ˈlardo]
Spiegelei	**uovo** *m* **al tegamino**	[ˈuɔːvo al tegaˈmiːno]
Tee	**tè** *m*	[tɛ]
Toast	**toast** *m*	[ˈtɔst]
Weißbrot	**pane** *m* **bianco**	[ˈpaːne ˈbiaŋko]
Wurst	**salame** *m*	[saˈlaːme]

Vorspeisen

Artischocken	**carciofi** *m pl*	[karˈtʃɔːfi]

Fischsalat	**insalata** *f* **di mare**	[insaˈlaːta di ˈmaːre]
Garnelen	**gamberetti** *m pl*	[gambeˈretti]
Hummer	**gambero** *m*	[ˈgambero]
Kaviar	**caviale** *m*	[kaˈviaːle]
Krabben	**granchi** *m pl*	[ˈgraŋki]
Melone	**melone** *m*	[meˈloːne]
Oliven	**olive** *f*	[oˈliːve]
Pastete	**pasticcio** *m*	[pasˈtittʃo]
Räucheraal	**anguilla** *f* **affumicata**	[aŋˈguilla affumiˈkaːta]
Salat	**insalata** *f*	[insaˈlaːta]
Sardellen	**acciughe** *f pl*	[atˈtʃuːge]
Schinken	**prosciutto** *m*	[proʃˈʃutto]
gekocht	**cotto**	[ˈkɔtto]
geräuchert	**affumicato**	[affumiˈkaːto]
Weinbergschnecken	**lumache** *f pl*	[luˈmaːke]

Suppen

Champignoncreme-suppe	**crema** *f* **di funghi**	[ˈkrɛːma di ˈfuŋgi]
Erbsensuppe	**crema** *f* **di piselli**	[ˈkrɛːma di piˈsɛlli]
Fischsuppe	**zuppa** *f* **di pesce**	[ˈdzuppa di ˈpeʃʃe]
Fleischbrühe	**brodo** *m* **di carne**	[ˈbrɔːdo di ˈkarne]
Gemüsesuppe	**minestrone** *m*	[mineˈstroːne]
Hühnerbrühe	**brodo** *m* **di pollo**	[ˈbrɔːdo di ˈpollo]
Kartoffelsuppe	**minestra** *f* **di patate**	[miˈnɛːstra di paˈtaːte]
klare Brühe	**brodino** *m*	[broˈdiːno]

| Tomatencremesuppe | **crema** *f* **di pomodori** | ['krɛːma di pomo'dɔːri] |
| Zwiebelsuppe | **minestra** *f* **di cipolle** | [mi'nɛːstra di tʃi'polle] |

Nudelgerichte

Cannelloni	**cannelloni** *m pl*	[kannel'loːni]
Gnocchi	**gnocchi** *m pl*	['ɲokki]
Lasagne	**lasagne** *f pl*	[la'zaɲɲe]
Makkaroni	**maccheroni** *m pl*	[makke'roːni]
Nudeln	**pasta** *f*	['paːsta]
Bandnudeln	**tagliatelle** *f pl*	[taʎʎa'tɛlle]
Tortellini	**tortellini** *m pl*	[tortel'liːni]

Salate

Bohnensalat	**insalata** *f* **di fagioli**	[insa'laːta di fa'dʒoːli]
Fischsalat	**insalata** *f* **di mare**	[insa'laːta di 'maːre]
grüner Salat	**insalata** *f* **verde**	[insa'laːta 'verde]
gemischter Salat	**insalata** *f* **mista**	[insa'laːta 'miːsta]
Gurkensalat	**insalata** *f* **di cetrioli**	[insa'laːta di tʃetri'ɔːli]
Kartoffelsalat	**insalata** *f* **di patate**	[insa'laːta di pa'taːte]
Nudelsalat	**insalata** *f* **di pasta**	[insa'laːta di 'pasta]
Reissalat	**insalata** *f* **di riso**	[insa'laːta di 'riːso]

Tomatensalat	**insalata** *f* **di pomodori**	[insaˈlaːta di pomoˈdɔːri]

Dressings

Jogurt-Dressing	**salsa** *f* **allo yogurt**	[ˈsalsa ˈallo ˈjoːgurt]
Kräutersoße	**salsa** *f* **alle erbe**	[ˈsalsa ˈalle ˈɛrbe]
Öl und Essig	**olio** *m* **e aceto** *m*	[ˈɔːlio e aˈtʃeːto]
Weinessig	**aceto** *m* **di vino**	[aˈtʃeːto di ˈviːno]

Gewürze

Basilikum	**basilico** *m*	[baˈziːliko]
Ketchup	**ketchup** *m*	[ˈketʃap]
Kümmel	**cumino** *m*	[kuˈmiːno]
Lorbeer	**alloro** *m*	[alˈlɔːro]
Melisse	**melissa** *f*	[meˈlissa]
Muskat	**noce** *f* **moscata**	[ˈnoːtʃe mosˈkaːta]
Nelke	**chiodi** *m pl* **di garofano**	[ˈkiɔːdi di gaˈrɔːfano]
Oregano	**origano** *m*	[oˈriːgano]
Paprika	**paprica** *f*	[ˈpaːprika]
Pfeffer	**pepe** *m*	[ˈpeːpe]
Rosmarin	**rosmarino** *m*	[rozmaˈriːno]
Salbei	**salvia** *f*	[ˈsalvia]
Salz	**sale** *m*	[ˈsaːle]
Senf	**senape** *f*	[ˈsɛːnape]
Thymian	**timo** *m*	[ˈtiːmo]
Zimt	**cannella** *f*	[kanˈnɛlla]
Zucker	**zucchero** *m*	[ˈdzukkero]

Hauptgerichte
Fisch

Aal	**anguilla** *f*	[aŋˈguilla]
Dorsch	**merluzzo** *m*	[merˈluttso]
Forelle	**trota** *f*	[ˈtroːta]
Garnelen	**gamberetti** *m pl*	[gambeˈretti]
Karpfen	**carpa** *f*	[ˈkarpa]
Krebs	**granchio** *m*	[ˈgraŋkio]
Lachs	**salmone** *m*	[salˈmoːne]
Makrele	**sgombro** *m*	[ˈzgombro]
Meeresfrüchte	**frutti** *m pl* **di mare**	[ˈfrutti di ˈmaːre]
Miesmuscheln	**cozze** *f pl*	[ˈkɔttse]
Seelachs	**salmone** *m* **di mare**	[salˈmoːne di ˈmaːre]
Seezunge	**sogliola** *f*	[ˈsɔʎʎola]
Thunfisch	**tonno** *m*	[ˈtonno]
Tintenfisch	**calamaro** *m*	[kalaˈmaːro]
Tintenfischring	**totano** *m*	[ˈtɔːtano]
Venusmuscheln	**vongole** *f pl*	[ˈvoŋgole]
gekocht	**bollito**	[bolˈliːto]
gebraten	**arrosto**	[arˈrɔːsto]
geräuchert	**affumicato**	[affumiˈkaːto]
vom Grill	**alla griglia**	[ˈalla ˈgriʎʎa]

Geflügel

Ente	**anatra** *f*	[ˈaːnatra]
Gans	**oca** *f*	[ˈɔːka]
Hähnchen	**pollo** *m*	[ˈpollo]
Pute	**tacchina** *f*	[takˈkiːna]

Wild

Hase	**lepre** *f*	[ˈlɛːpre]
Hirsch	**cervo** *m*	[ˈtʃervo]
Kaninchen	**coniglio** *m*	[koˈniʎʎo]
Wildschwein	**cinghiale** *m*	[tʃiɲˈgiaːle]

Fleisch

Filet	**filetto** *m*	[fiˈletto]
Frikadelle	**polpetta** *f*	[polˈpetta]
Frikassee	**fricassea** *f*	[frikasˈsɛːa]
Gulasch	**spezzatino** *m*	[spettsaˈtiːno]
Hammelfleisch	**carne** *f* **di montone**	[ˈkarne di monˈtoːne]
Kalbfleisch	**carne** *f* **di vitello**	[ˈkarne di viˈtɛllo]
Kotelett	**cotoletta** *f*	[kotoˈletta]
Lammfleisch	**carne** *f* **di agnello**	[ˈkarne di aɲˈɲello]
Lende	**lombo** *m*	[ˈlombo]
Rindfleisch	**carne** *f* **di manzo**	[ˈkarne di ˈmandzo]
Schnitzel	**scaloppina** *f*	[skalopˈpiːna]
Schweinefleisch	**carne** *f* **di maiale**	[ˈkarne di maˈiaːle]
Speck	**lardo** *m*	[ˈlardo]
Steak	**bistecca** *f*	[bisˈtekka]
Würstchen	**salsiccia** *f*	[salˈsittʃa]

Gemüse & sonstige Beilagen

Backkartoffeln	**patate** *f pl* **al forno**	[paˈtaːte al ˈforno]

mit Sauerrahm	**con panna**	[kon 'panna]
mit Kräuterbutter	**con burro alle erbe**	[kon 'burro 'alle 'ɛːrbe]
Blumenkohl	**cavolfiore** *m*	[kavol'fioːre]
Bohnen	**fagioli** *pl*	[fa'dʒɔːli]
Bratkartoffeln	**patate** *f pl* **arrosto**	[pa'taːte ar'rɔsto]
Chinakohl	**cavolo** *m*	['kaːvolo]
Endivie	**indivia** *f*	[in'diːvia]
Erbsen	**piselli** *m pl*	[pi'sɛlli]
Fenchel	**finocchio** *m*	[fi'nɔkkio]
Gurke	**cetriolo** *m*	[tʃetri'oːlo]
Kartoffelbrei	**purè** *m* **di patate**	[pu're di pa'taːte]
Kartoffeln	**patate** *f pl*	[pa'taːte]
Kopfsalat	**lattuga** *f*	[lat'tuːga]
Kroketten	**crocchette** *f pl*	[krok'kette]
Lauch/Porree	**porro** *m*	['pɔrro]
Mais	**mais** *m*	['maːis]
Möhren	**carote** *f pl*	[ka'rɔːte]
Paprika	**peperone** *m*	[pepe'roːne]
Pellkartoffeln	**patate** *f pl* **lesse con la buccia**	[pa'taːte 'lesse kon la 'buttʃa]
Pommes frites	**patatine** *f pl* **fritte**	[pata'tiːne 'fritte]
Reis	**riso** *m*	['riːso]
Rosenkohl	**cavolo** *m* **di Bruxelles**	['kaːvolo di bru'ksɛl]
Rote Beete	**rapa** *f* **rossa**	['raːpa 'rossa]
Rote Bohnen	**fagioli** *m pl* **rossi**	[fa'dʒɔːli 'rossi]
Rotkohl	**cavolo** *m* **rosso**	['kaːvolo 'rosso]
Sellerie	**sedano** *m*	['sɛːdano]
Spargel	**asparagi** *m pl*	[a'spaːradʒi]

Spinat	**spinaci** *m pl*	[spiˈnaːtʃi]
Tomaten	**pomodori** *m*	[pomoˈdɔːri]
Weißkohl	**cavolo** *m* **bianco**	[ˈkaːvolo ˈbiaŋko]

Pilze

Champignon	**prataiolo** *m*	[prataˈiɔːlo]
Pfifferling	**gallinaccio** *m*	[galliˈnaːttʃo]
Steinpilz	**porcino** *m*	[porˈtʃiːno]

Eierspeisen

hartgekochtes Ei	**uovo** *m* **sodo**	[ˈuɔːvo ˈsɔːdo]
weichgekochtes Ei	**uovo** *m* **à la coque**	[ˈuɔːvo a la ˈkɔk]
Rührei	**uovo** *m* **strapazzato**	[ˈuɔːvo strapatˈtsaːto]
Spiegelei	**uovo** *m* **al tegamino**	[ˈuɔːvo al tegaˈmiːno]
Omelett	**omelette** *f*	[ɔmˈlɛt]

Käse

Camembert	**camembert** *m*	[ˈkaːmember]
Emmentaler	**emmental** *m*	[ˈɛmental]
Edamer	**groviera** *f*	[groˈviɛːra]
Gorgonzola	**gorgonzola** *m*	[gorgonˈdzɔːla]
Gouda	**gouda** *m*	[ˈgauːda]
Mascarpone	**mascarpone** *m*	[maskarˈpoːne]
Mozzarella	**mozzarella** *f*	[mottsaˈrɛlla]
Parmesankäse	**parmigiano** *m*	[parmiˈdʒaːno]
Ricotta	**ricotta** *f*	[riˈkɔtta]
Weichkäse	**formaggio** *m* **tenero**	[forˈmaddʒo ˈtɛːnero]

Süßspeisen

Apfelkuchen	**torta** *f* **di mele**	[ˈtorta di ˈmeːle]
Creme/Mousse	**crema** *f*/**mousse** *f*	[ˈkrɛːma/mus]
Dessert	**dolce** *m*	[ˈdoltʃe]
Eis	**gelato** *m*	[dʒeˈlaːto]
mit heißen Himbeeren	**con lamponi caldi**	[kon lamˈpoːni ˈkaldi]
mit heißer Schokolade	**con cioccolata calda**	[kon tʃokkoˈlaːta ˈkalda]
Eisbecher	**coppa** *f* **di gelato**	[ˈkoppa di dʒeˈlaːto]
gemischtes Eis	**gelato** *m* **misto**	[dʒeˈlaːto ˈmiːsto]

Das bekannte Dessert „Tiramisù" kommt ursprünglich aus der Emilia-Romagna und heißt übersetzt so viel wie „Zieh mich hoch".

Kuchen	**torta** *f*	[ˈtorta]
Obstsalat	**macedonia** *f*	[matʃeˈdɔːnia]
Crêpe	**crêpe** *f*	[ˈkrɛp]
Pfannkuchen	**frittata** *f* **dolce**	[fritˈtaːta ˈdoltʃe]
Pudding	**budino** *m*	[buˈdiːno]
Schokolade	**cioccolato** *m*	[tʃokkoˈlaːto]
Torte	**torta** *f*	[ˈtorta]
Obstkuchen	**crostata** *f* **di frutta**	[kroˈstaːta di ˈfrutta]
Schlagsahne	**panna** *f* **montata**	[ˈpanna monˈtaːta]
Vanille	**vaniglia** *f*	[vaˈniʎʎa]
Waffeln	**wafer** *m*	[ˈvafer]

Ist die Bedienung/das Gedeck inklusive?	**Il servizio/Il coperto è compreso?**	[il ser'vittsio/ il ko'pɛrto ɛ kom'pre:so]
Das Essen war ausgezeichnet.	**Il mangiare era buonissimo.**	[il man'dʒa:re ɛːra buo'nissimo]
Kompliment an den Koch/Küchenchef.	**Complimenti al cuoco/allo chef.**	[kompli'menti al 'kuɔ:ko/'allo ʃef]
Wir waren sehr zufrieden.	**Siamo rimasti molto soddisfatti.**	['sia:mo ri'ma:sti 'molto soddis-'fatti]
Es hat mir sehr gut geschmeckt.	**Mi è piaciuto moltissimo.**	[mi ɛ pia'tʃu:to mol'tissimo]
Es hat mir nicht geschmeckt.	**Non mi è piaciuto.**	[non mi ɛ pia'tʃu:to]
Das Essen ist kalt/versalzen.	**Il mangiare era freddo/salato.**	[il man'dʒa:re ɛːra 'freddo/sa'la:to]
Das habe ich nicht bestellt.	**Non l'ho ordinato.**	[non lɔ ordi'na:to]
Haben Sie mein(e) ... vergessen?	**Ha dimenticato il mio/la mia ...?**	[a dimenti'ka:to il 'mi:o/la 'mi:a ...]

Hier fehlt ein(e) ...	**Manca un/una ...**	[ˈmanka un/ˈuːna ...]
Nehmen Sie es bitte zurück.	**Lo riporti indietro, per favore.**	[lo riˈporti inˈdiɛːtro per faˈvoːre]
Bezahlen, bitte!	**Il conto, per favore!**	[il ˈkonto per faˈvoːre]
Bitte alles zusammen.	**Insieme, per favore.**	[inˈsiɛːme per faˈvoːre]
Getrennte Rechnungen, bitte.	**Paghiamo separatamente, per favore.**	[paˈgiaːmo separataˈmente per faˈvoːre]
Geben Sie mir bitte eine Quittung.	**Mi dà la ricevuta, per favore?**	[mi da la ritʃeˈvuːta per faˈvoːre]
Kann ich mit Kreditkarte zahlen?	**Posso pagare con la carta di credito?**	[ˈpɔsso paˈgaːre kon la ˈkarta di ˈkreːdito]
Es stimmt so.	**Va bene così.**	[va ˈbɛːne koˈsi]
Die Rechnung scheint mir nicht zu stimmen.	**Il conto non mi sembra giusto.**	[il ˈkonto non mi ˈsembra ˈdʒuːsto]

ablehnen	**rifiutare**	[rifiu'ta:re]
ausgezeichnet	**eccellente**	[ettʃel'lente]
Bedienung	**servizio** *m*	[ser'vittsio]
beschweren	**reclamare**	[rekla'ma:re]
Besteck	**posate** *f pl*	[po'sa:te]
bestellen	**ordinare**	[ordi'na:re]
dreckig	**sporco**	['spɔrko]
Durst	**sete** *f*	['se:te]
empfehlen	**raccomandare**	[rakkoman'da:re]
fehlen	**mancare**	[maŋ'ka:re]
frech	**sfacciato**	[sfat'tʃa:to]
Gast	**ospite** *m/f*	['ɔ:spite]
Geld	**soldi** *m*	['sɔldi]
getrennt	**separato**	[sepa'ra:to]
gut	**buono**	['buɔ:no]
Irrtum	**sbaglio** *m*	['zbaʎʎo]
kalt	**freddo**	['freddo]
Kinderteller	**porzione** *f* **per bambini**	[por'tsio:ne per bam'bi:ni]
Kleingeld	**spiccioli** *m pl*	['spittʃoli]
langsam	**lento**	['lento]
lauwarm	**tiepido**	['tiɛ:pido]
Portion	**porzione** *f*	[por'tsio:ne]
Quittung	**ricevuta** *f*	[ritʃe'vu:ta]
Rechnung	**conto** *m*	[konto]
Rest	**resto** *m*	['rɛsto]
sandig	**sabbioso**	[sab'bio:zo]
scharf	**piccante**	[pik'kante]
schlecht	**cattivo**	[kat'ti:vo]
schnell	**veloce**	[ve'lɔ:tʃe]

schmecken	**gustare**	[gusˈtaːre]
Service	**servizio** *m*	[serˈvittsio]
spät	**tardi**	[ˈtardi]
Teller	**piatto** *m*	[ˈpiatto]
teuer	**caro**	[ˈkaːro]
Trinkgeld	**mancia** *f*	[ˈmantʃa]
Umrechnung	**conversione** *f*	[konverˈsioːne]
unfreundlich	**sgarbato**	[zgarˈbaːto]
überhöht	**eccessivo**	[ettʃesˈsiːvo]
verdorben	**avariato**	[avaˈriaːto]
vergessen	**dimenticare**	[dimentiˈkaːre]
verrechnet	**messo in conto**	[ˈmesso in ˈkonto]

Trinkgeld wird in Italien nicht automatisch vorausgesetzt, da es als „coperto" Bestandteil der Rechnung ist. Wenn, dann ist es üblich, ca. 10 % des Gesamtbetrages beim Gehen auf dem Tisch liegen zu lassen.

versalzen	**salare troppo**	[saˈlaːre ˈtrɔppo]
verschütten	**rovesciare**	[roveʃˈʃaːre]
warten	**aspettare**	[aspetˈtaːre]
Wechselgeld	**spiccioli** *m pl*	[ˈspittʃoli]
zahlen	**pagare**	[paˈgaːre]
zu fett	**troppo grasso**	[ˈtrɔppo ˈgrasso]
zu heiß	**troppo caldo**	[ˈtrɔppo ˈkaldo]
zu kalt	**troppo freddo**	[ˈtrɔppo ˈfreddo]
zu klein	**troppo piccolo**	[ˈtrɔppo ˈpikkolo]
zu zäh	**troppo duro**	[ˈtrɔppo ˈduːro]

Gibt es hier eine nette Bar?	**C'è un bar carino qui?**	[tʃɛ un bar kaˈriːno ˈkui]
Wann ist Sperrstunde?	**A che ora chiudono i locali?**	[a ke ˈoːra ˈkiuːdono i loˈkaːli]
Kann man auch etwas essen?	**Si può mangiare qualcosa?**	[si ˈpuɔ manˈdʒaːre kualˈkɔːsa]
Welche Cocktails haben Sie?	**Che cocktail avete?**	[ke ˈkokteil aˈveːte]
Ich hätte gerne einen Longdrink.	**Vorrei un longdrink.**	[vorˈrɛi un lonˈdriŋk]
Haben Sie auch alkoholfreie Drinks?	**Avete anche bibite analcoliche?**	[aˈveːte ˈaŋke ˈbiːbite analˈkɔːlike]
Gibt es noch etwas Warmes zu essen?	**C'è qualcosa di caldo da mangiare?**	[tʃɛ kualˈkɔːsa di ˈkaldo da manˈdʒaːre]
Darf ich Sie auf einen Drink einladen?	**La posso invitare a bere qualcosa?**	[la ˈpɔsso inviˈtaːre a ˈbeːre kualˈkɔːsa]
Würden Sie mit mir tanzen?	**Vorrebbe ballare con me?**	[vorˈrɛbbe balˈlaːre kon me]

Ist dieser Platz noch frei?	**È libero questo posto?**	[ɛ ˈliːbero ˈkueːsto ˈpɔːsto]
Ich möchte eine kleine/mittlere/große/sehr große Portion Eis.	**Vorrei una porzione piccola/media/grande/molto grande di gelato.**	[vorˈrɛːi ˈuːna porˈtsioːne ˈpikkola/ˈmɛːdia/ˈgrande/ ˈmolto ˈgrande di dʒeˈlaːto]
Bitte mit/ohne Schlagsahne.	**Per favore, con/senza panna.**	[per faˈvoːre kon/ ˈsɛntsa ˈpanna]
Ist Alkohol in dem Eisbecher?	**C'è del liquore nella coppa di gelato?**	[tʃɛ del liˈkuoːre ˈnella ˈkoppa di dʒeˈlaːto]
Haben Sie Eisbecher für Kinder?	**Avete coppe di gelato per bambini?**	[aˈveːte ˈkoppe di dʒeˈlaːto per bamˈbiːni]
Ich möchte bitte ein Stück Kuchen.	**Vorrei una fetta di torta.**	[vorˈrɛːi una ˈfetta di ˈtorta]
Welche Kuchen haben Sie im Sortiment?	**Che tipo di torte avete?**	[ke ˈtiːpo di ˈtorte aˈveːte]
Ein Kännchen Kaffee, bitte.	**Un bricco di caffè, per favore.**	[un ˈbrikko di kafˈfɛ per faˈvoːre]

Bananeneis	**gelato** *m* **alla banana**	[dʒeˈlaːto ˈalla baˈnaːna]
Bar	**bar** *m*	[bar]
Bardame	**cameriera** *f*	[kameˈriɛːra]
Barhocker	**sgabello** *m*	[zgaˈbɛllo]
Buttercremetorte	**torta con crema di burro** *f*	[ˈtorta kon ˈkrɛːma di ˈburro]
Café	**caffè** *m*	[kafˈfɛ]
eine Portion Eis	**un gelato**	[un dʒeˈlaːto]
Eiskaffee	**affogato al caffè** *m*	[affoˈgaːto al kafˈfɛ]

> ℹ️ Wenn man in der Bar oder im Café Speisen und Getränke direkt an der Theke konsumiert, sind die Preise niedriger, als wenn man an einem der Tische Platz nimmt und bestellt.
> Übrigens: Wenn man in Italien einen „caffè" bestellt, dann ist damit immer ein Espresso gemeint. Wenn Sie einen Filtercaffè haben möchten, dann bestellen Sie einen „caffè americano".
> Neben „cappuccino" und „espresso" gibt es noch viele weitere Kaffeevariationen:
> „caffè macchiato": Espresso mit ein wenig Milch
> „caffè ristretto": Espresso sehr konzentriert
> „caffè Hag" oder „caffè decaffeinato": koffeinfreier Espresso
> „caffé corretto": Espresso mit einem Schuss Alkohol.

Eisschokolade	**affogato** *m* **al cioccolato**	[affoˈgaːto al tʃokkoˈlaːto]
Eiswaffeln	**cialde** *f pl*	[ˈtʃalde]
Eiswürfel	**cubetto** *m* **di ghiaccio**	[kuˈbetto di ˈgiattʃo]

Erdbeereis	**gelato** *m* **alla fragola**	[dʒe'la:to alla 'fra:gola]
Fruchtcocktail	**cocktail** *m* **alla frutta**	['kokteil 'alla 'frutta]
gemischtes Eis	**gelato** *m* **misto**	[dʒe'la:to 'mi:sto]
Kaffeegedeck	**servizio** *m* **da caffè**	[ser'vi:tsio da kaf'fɛ]
Kaffeetasse	**tazzina** *f*	[tat'tsi:na]
Kellner	**cameriere** *m*	[kame'riɛ:re]
Kuchen	**torta** *f*	['torta]
Lokalrunde	**invito** *m* **a tutti**	[in'vi:to a 'tutti]
Milchkännchen	**lattiera** *f*	[lat'tiɛ:ra]
Prost!	**Salute!**	[sa'lu:te]
Sahne	**panna** *f*	['panna]
Sahnetorte	**torta** *f* **alla panna**	['torta 'alla 'panna]
Schokolade	**cioccolata** *f*	[tʃokko'la:ta]
Schokoladeneis	**gelato** *m* **al cioccolato**	[dʒe'la:to al tʃokko'la:to]
Serviette	**tovagliolo** *m*	[to'vaʎʎɔ:lo]
Strohhalm	**cannuccia** *f*	[kan'nuttʃa]
Teelöffel	**cucchiaino** *m*	[kukkia'i:no]
Tisch	**tavolo** *m*	['ta:volo]
Torte	**torta** *f*	['torta]
Trinkgeld	**mancia** *f*	['mantʃa]
Untertasse	**piattino** *m*	[piat'ti:no]
Vanilleeis	**gelato** *m* **alla vaniglia**	[dʒe'la:to 'alla va'niʎʎa]
Zitroneneis	**gelato** *m* **al limone**	[dʒe'la:to al li'mo:ne]
Zucker	**zucchero** *m*	['dzukkero]

alkoholfreies Getränk	**bevanda** *f* **analcolica**	[be'vanda anal'kɔːlika]
Apfelsaft	**succo** *m* **di mela**	['sukko di 'meːla]
Bier	**birra** *f*	['birra]
Branntwein	**acquavite** *m*	[akkua'viːte]
Limonade	**gassosa** *f*	[gas'soːza]
Cappuccino	**cappuccino** *m*	[kapput'tʃiːno]
Champagner	**champagne** *m*	[ʃam'paːɲ]
Fruchtsaft	**succo** *m* **di frutta**	['sukko di 'frutta]
heiße Schokolade	**cioccolata** *f* **calda**	[tʃokko'laːta 'kalda]
Kaffee	**caffè** *m*	[kaf'fɛ]
Kognak	**cognac** *m*	['kɔɲɲak]
Likör	**liquore** *m*	[li'kuoːre]
Magenbitter	**amaro** *m*	[a'maːro]
Milch	**latte** *m*	['latte]
Mineralwasser	**acqua** *f* **minerale**	['akkua mine'raːle]
ohne/mit Kohlensäure	**senza/con gas**	['sɛntsa/kon gas]
Orangensaft	**succo** *m* **d'arancia**	['sukko da'rantʃa]
Portwein	**porto** *m*	['pɔrto]
Rotwein	**vino** *m* **rosso**	['viːno 'rosso]
Sekt	**spumante** *m*	[spu'mante]
Selterswasser	**acqua** *f* **di selz**	['akkua di 'selts]
Tee	**tè** *m*	[tɛ]
Tischwein	**vino** *m* **da tavola**	['viːno da 'taːvola]
Tomatensaft	**succo** *m* **di pomodoro**	['sukko di pomo'dɔːro]
Weißwein	**vino** *m* **bianco**	['viːno 'biaŋko]

Shopping & Service

Wo sind die Einkaufs-wagen?	**Dove sono i carrelli?**	[ˈdoːve ˈsoːno i karˈrɛlli]
Können Sie mir Geld wechseln?	**Mi può cambiare soldi?**	[mi ˈpuɔ kamˈbiaːre ˈsɔldi]
Ich möchte ...	**Vorrei ...**	[vorˈrɛːi ...]
Haben Sie ...?	**Avete ...?**	[aˈveːte ...]
Wo finde ich ...?	**Dove trovo ...?**	[ˈdoːve ˈtrɔːvo ...]
Wo stehen die ...?	**Dove sono i/le/gli ...?**	[ˈdoːve ˈsoːno i/le/ʎi ...]
Wie teuer ist das?	**Quanto costa?**	[ˈkuanto ˈkoːsta]
Gibt es das auch einzeln?	**Se ne può comprare solo uno?**	[se ne ˈpuɔ komˈpraːre ˈsoːlo ˈuːno]
Haben Sie auch ein ähnliches Produkt?	**Avete anche un prodotto simile?**	[aˈveːte ˈaŋke un proˈdotto ˈsiːmile]
Ich hätte gerne ein Bund/100 Gramm/ 1 Kilo/eine Flasche/ eine Dose davon.	**Ne vorrei un mazzo/ un etto/un chilo/una bottiglia/una lattina.**	[ne vorˈrɛːi un ˈmattso/un ˈɛtto/ un ˈkiːlo/uːna botˈtiʎʎa/ˈuːna latˈtiːna]

Könnten Sie mir etwas hiervon abwiegen?	**Me ne può pesare un po'?**	[me ne 'puɔ pe'saːre un pɔ]
Darf ich probieren?	**Posso assaggiare?**	['pɔsso assad'dʒaːre]
Wie lange bleibt das frisch?	**Quanto dura?**	['kuanto 'duːra]
Danke, ich werde schon bedient.	**Grazie, vengo già servito/a.**	['grattsie 'vengo dʒa ser'viːto/a]
Danke, das ist alles.	**Grazie, è tutto.**	['grattsie ɛ 'tutto]
Eine Tragetasche, bitte.	**Una busta, per favore.**	['uːna 'buːsta per fa'voːre]
Haben Sie auch Papiertüten?	**Avete anche buste di carta?**	[a'veːte 'aŋke 'buːste di 'karta]
Können Sie es mir einpacken?	**Me lo può incartare?**	[me lo 'puɔ iŋkar'taːre]
Was macht/kostet das alles zusammen?	**Quanto fa/costa tutto insieme?**	['kuanto fa/ 'koːsta 'tutto in'siɛːme]
Nehmen Sie auch Kreditkarten?	**Prendete anche carte di credito?**	[pren'deːte 'aŋke 'karte di 'kreːdito]

109

Alkohol	**alcol** *m*	[ˈalkɔl]
Aufschnitt	**affettati** *m pl*	[affetˈtaːti]
After Shave	**dopobarba** *m*	[dopoˈbarba]
Babynahrung	**cibo** *m* **per bambini**	[ˈtʃibo per bamˈbiːni]
Bier	**birra** *f*	[ˈbirra]
Binden	**assorbenti** *m pl*	[assorˈbenti]
Bohnen	**fagioli** *m pl*	[faˈdʒɔːli]
Brot	**pane** *m*	[ˈpaːne]
Brötchen	**panino** *m*	[paˈniːno]
Butter	**burro** *m*	[ˈburro]
Buttermilch	**latticello** *m*	[lattiˈtʃello]
Chips	**patatine** *f pl*	[pataˈtiːne]
Deodorant	**deodorante** *m*	[deodoˈrante]
Duschgel	**doccia** *f* **schiuma**	[ˈdottʃa ˈskiuːma]
Eier	**uova** *f pl*	[ˈuɔːva]
Eis	**gelato** *m*	[dʒeˈlaːto]
Essig	**aceto** *m*	[aˈtʃeːto]
Fisch	**pesce** *m*	[ˈpeʃʃe]
Fleisch	**carne** *f*	[ˈkarne]
Fleischwurst	**salsiccia** *f*	[salˈsittʃa]
frisch	**fresco**	[ˈfreːsko]
Fruchtsaft	**succo** *m* **di frutta**	[ˈsukko di ˈfrutta]
Gebäck	**paste** *f pl*	[ˈpaːste]
Gemüse	**verdura** *f*	[verˈduːre]
Grieß	**semolino** *m*	[semoˈliːno]
Haferflocken	**fiocchi** *m pl* **d'avena**	[ˈfiɔkki daˈveːna]
Honig	**miele** *m*	[ˈmieːle]
Hundefutter	**cibo** *m* **per cani**	[ˈtʃiːbo per ˈkaːni]
Jogurt	**yogurt** *m*	[ˈiɔːgurt]

Kaffee	**caffè** *m*	[kafˈfɛ]
Katzenstreu	**sabbia** *f* **per gatti**	[ˈsabbia per ˈgatti]
Katzennahrung	**cibo** *m* **per gatti**	[ˈtʃiːbo per ˈgatti]
Käse	**formaggio** *m*	[forˈmaddʒo]
Kekse	**biscotti** *m pl*	[biˈskɔtti]
Kindernahrung	**cibo** *m* **per bambini**	[ˈtʃiːbo per bamˈbiːni]
Konserven	**conserve** *f pl*	[konˈsɛrve]
Kuchen	**torta** *f*	[ˈtorta]
Limonade	**limonata** *f*	[limoˈnaːta]
Mais	**mais** *m*	[ˈmaːis]
Mandeln	**mandorle** *f pl*	[ˈmandorle]
Margarine	**margarina** *f*	[margaˈriːna]
Marmelade	**marmellata** *f*	[marmelˈlaːta]
Mayonnaise	**maionese** *f*	[maioˈneːse]
Mehl	**farina** *f*	[faˈriːna]
Milch	**latte** *m*	[ˈlatte]
Mineralwasser	**acqua** *f* **minerale**	[ˈakkua mineˈraːle]
Müsli	**musli** *m*	[ˈmuzli]
Nudeln	**pasta** *f*	[ˈpaːsta]
Nüsse	**nocciole** *f pl*	[notˈtʃɔːle]
Obst	**frutta** *f*	[ˈfrutta]
Öffnungszeiten	**orario** *m* **d'apertura**	[oˈraːrio daperˈtuːra]
Oliven	**olive** *f pl*	[oˈliːve]
Olivenöl	**olio d'oliva** *m*	[ˈɔːlio doˈliːva]
Orangensaft	**succo** *m* **d'arancia**	[ˈsukko daˈrantʃa]
Parfüm	**profumo** *m*	[proˈfuːmo]
Pfeffer	**pepe** *m*	[ˈpeːpe]

Pilze	**funghi** *m pl*	[ˈfuŋgi]
Pralinen	**cioccolatini** *m pl*	[tʃokkolaˈtiːni]
Puder	**cipria** *f*	[ˈtʃiːpria]
Reis	**riso** *m*	[ˈriːso]
Sahne	**panna** *f*	[ˈpanna]
Salami	**salame** *m*	[saˈlaːme]
Salat	**insalata** *f*	[insaˈlaːta]
Salz	**sale** *m*	[ˈsaːle]
Salzstangen	**salatini** *m pl*	[salaˈtiːni]
Schinken	**prosciutto** *m*	[proʃˈʃutto]
Schnaps	**grappa** *f*	[ˈgrappa]
Schnuller	**ciuccio** *m*	[ˈtʃuttʃo]
Schokolade	**cioccolato** *m*	[tʃokkoˈlaːto]
Seife	**sapone** *m*	[saˈpoːne]
Sekt	**spumante** *m*	[spuˈmante]
Senf	**senape** *f*	[ˈsɛːnape]
Suppe	**minestra** *f*	[miˈnɛːstra]
Süßigkeiten	**dolci** *m pl*	[ˈdoltʃi]
Tee	**tè** *m*	[tɛ]
Thunfisch	**tonno** *m*	[ˈtonno]
Toast	**toast** *m*	[tɔst]
Tomate	**pomodoro** *m*	[pomoˈdɔːro]
Watte	**cotone** *m*	[koˈtoːne]
Waffeln	**wafer** *m*	[ˈvaːfer]
Windeln	**pannolini** *m pl*	[pannoˈliːni]
Wein	**vino** *m*	[ˈviːno]
Whisky	**whisky** *m*	[ˈuiːski]
Wurst	**salumi** *m pl*	[saˈluːmi]
Zucker	**zucchero** *m*	[ˈdzukkero]
Zwieback	**fette** *f pl* **biscottate**	[ˈfette biskotˈtaːte]

Können Sie mir ... zeigen?	**Mi può far(e) vedere ...?**	[mi ˈpuɔ ˈfaːr(e) veˈdeːre ...]
Ich möchte ein Paar ... Schuhe/Stiefel.	**Vorrei un paio di scarpe/stivali ...**	[vorˈrɛi un paːio di ˈskarpe/stiˈvaːli ...]
Ich habe Konfektionsgröße ...	**Ho la taglia ...**	[ɔ la ˈtaʎʎa ...]
Ich habe Schuhgröße ...	**Ho il numero ...**	[ɔ il ˈnuːmero ...]
Gibt es dieses Teil auch in .../einer anderen Farbe?	**C'è anche in .../in altri colori?**	[tʃɛ ˈaŋke in ... /in ˈaltri coˈloːri]
Ist das wirklich Baumwolle?	**È davvero cotone?**	[ɛ davˈveːro koˈtoːne]
Ist das farbecht/knitterfrei/pflegeleicht?	**Non stinge/Non si stropiccia/È facile da lavare?**	[non ˈstindʒe/ non si stroˈpittʃa/ɛ ˈfaːtʃile da laˈvaːre]
Aus welchem Material ist das?	**Di che materiale è?**	[di ke mateˈriaːle ɛ]
Kann ich es anprobieren?	**Posso provarlo?**	[ˈpɔsso proˈvaːrlo]

Wo ist die Umkleide-kabine?	**Dov'è il camerino?**	[do'vɛ il kame'riːno]
Das ist mir zu eng/weit/lang/kurz/klein/groß.	**È troppo stretto/largo/lungo/corto/piccolo/grande.**	[ɛ 'trɔppo 'stretto/ 'largo/'luŋgo/ korto/'pikkolo/ 'grande]
Das passt gut.	**Mi va bene.**	[mi va 'bɛːne]
Kann man das um-tauschen?	**Si può cambiare?**	[si 'puɔ kam'biaːre]
Können Sie diese Schuhe reparieren?	**Può riparare queste scarpe?**	['puɔ ripa'raːre 'kueːste 'scarpe]
Die Schuhe drücken mich.	**Le scarpe mi strin-gono.**	[le 'scarpe mi 'striŋgono]
Haben Sie eine Num-mer größer/kleiner?	**Ha un numero più grande/piccolo?**	[a un 'nuːmero 'piu 'grande/ 'pikkolo]
Ich brauche Schuh-creme.	**Ho bisogno di lucido da scarpe.**	[ɔ bi'zoɲɲo di 'luːtʃido da 'skarpe]
Ich hätte gern neue Schnürsenkel.	**Vorrei dei nuovi lacci.**	[vor'rɛi 'deːi 'nuɔːviː 'lattʃi]

Anzug	**abito** *m*	[ˈaːbito]
Badeanzug	**costume** *m* **da bagno**	[koˈstuːme da ˈbaɲɲo]
Badehose	**costume** *m* **da bagno**	[koˈstuːme da ˈbaɲɲo]
Badeschuhe	**ciabatte** *f pl*	[tʃaˈbatte]
Baumwolle	**cotone** *m*	[koˈtoːne]
BH	**reggiseno** *m*	[reddʒiˈseːno]
Bikini	**bikini** *m*	[biˈkiːni]
Bluse	**camicetta** *f*	[kamiˈtʃetta]
Farbe	**colore** *m*	[koˈloːre]
gestreift	**a righe**	[a ˈriːge]
Gürtel	**cintura** *f*	[tʃinˈtuːra]
Handschuhe	**guanti** *m pl*	[ˈguanti]
Hausschuhe	**pantofole** *f pl*	[panˈtɔːfole]
Hemd	**camicia** *f*	[kaˈmiːtʃa]
Hose	**pantaloni** *m pl*	[pantaˈloːni]
Jacke	**giacca** *f*	[ˈdʒakka]
Jogginghose	**pantaloni** *m pl* **della tuta**	[pantaˈloːni ˈdella ˈtuːta]
Kinderschuhe	**scarpe** *f pl* **da bambino**	[ˈskarpe da bamˈbiːno]
Kleid	**vestito** *m*	[vesˈtiːto]
Kostüm	**tailleur** *m*	[taˈjœːr]
Krawatte	**cravatta** *f*	[kraˈvatta]
Lederhose	**pantaloni** *m pl* **di pelle**	[pantaˈloːni di ˈpɛlle]
Lederjacke	**giacca** *f* **di pelle**	[ˈdʒakka di ˈpɛlle]
Leinen	**lino** *m*	[ˈliːno]
Mantel	**cappotto** *m*	[kapˈpɔtto]

Minirock	**minigonna** *f*	[mini'gonna]
Mütze	**berretto** *m*	[ber'retto]
Nachthemd	**camicia da notte** *f*	[ka'mi:ʃa da 'nɔtte]
Pullover	**maglia** *f*	['maʎʎa]
Regenmantel	**impermeabile** *m*	[imperme'a:bile]
Rock	**gonna** *f*	['gonna]
Sandalen	**sandali** *m pl*	['sandali]
Schal	**sciarpa** *f*	['ʃarpa]
Schirm	**ombrello** *m*	[om'brɛllo]
Schlafanzug	**pigiama** *m*	[pi'dʒa:ma]
Schuhe	**scarpe** *f pl*	['skarpe]
Schuhcreme	**lucido** *m* **da scarpe**	['lu:tʃido da 'skarpe]
Schuhgröße	**numero** *m* **di scarpe**	['nu:mero di 'skarpe]
Seide	**seta** *f*	['se:ta]
Shorts	**pantaloncini** *m pl*	[pantalon'tʃi:ni]
Slip	**mutande** *f pl*	[mu'tande]
Socken	**calzini** *m pl*	[kal'tsi:ni]
Stiefel	**stivali** *m pl*	[sti'va:li]
Strümpfe	**calze** *f pl*	['kaltse]
Strumpfhose	**collant** *m*	[kol'lā]
Trainingsanzug	**tuta** *f*	['tu:ta]
T-Shirt	**maglietta** *f*	[maʎ'ʎetta]
Turnschuhe	**scarpe** *f pl* **da ginnastica**	['skarpe da dʒin'na:stika]
Unterwäsche	**biancheria** *f* **intima**	[bianke'ri:a 'intima]
Wolle	**lana** *f*	['la:na]

Körbchengröße	**taglia** *f* **della coppa**	[ˈtaʎʎa ˈdella ˈkoppa]
sehr klein	**molto piccolo/a**	[ˈmolto ˈpikkolo/a]
klein	**piccolo/a**	[ˈpikkolo/a]
mittel	**medio/a**	[ˈmɛdio/a]
groß	**grande**	[ˈgrande]
sehr groß	**molto grande**	[ˈmolto ˈgrande]

> **i**
>
> *Die italienischen Konfektionsgrößen entsprechen nicht den deutschen. Die Differenz beträgt 4 Nummern.*
> *Frauen, die in Deutschland zum Beispiel Größe 36 tragen, sollten in Italien nach Größe 40 suchen.*

S	**S**	[ˈɛsse]
M	**M**	[ˈɛmme]
L	**L**	[ˈɛlle]
XL	**XL**	[iksˈɛlle]
XXL	**XXL**	[iksˈiksˈɛlle]

39	**trentanove**	[trentaˈnɔːve]
40	**quaranta**	[kuaˈranta]
41	**quarantuno**	[kuaranˈtuːno]
42	**quarantadue**	[kuarantaˈduːe]
43	**quarantatrè**	[kuarantaˈtrɛ]
44	**quarantaquattro**	[kuarantaˈkuattro]
45	**quarantacinque**	[kuarantaˈtʃiŋkue]
46	**quarantasei**	[kuarantaˈsɛːi]
47	**quarantasette**	[kuarantaˈsɛtte]
48	**quarantotto**	[kuaranˈtɔtto]

Ich suche einen Optiker.	**Cerco un ottico.**	['tʃerko un 'ɔttiko]
Ich möchte eine Sonnenbrille.	**Vorrei un paio di occhiali da sole.**	[vor'rɛːi un 'paːio di ok'kiaːli da 'soːle]
Mir ist ein Glas meiner Brille zerbrochen.	**Mi si è rotta una lente.**	[mi 'siɛ 'rotta 'uːna 'lɛnte]
Würden Sie mir diese Brille/Fassung reparieren?	**Mi può riparare questi occhiali/la montatura?**	[mi 'puɔ ripa'raːre 'kuesti ok'kiaːli/ la monta'tuːra]
Ich brauche Gläser mit ... Dioptrien.	**Ho bisogno di lenti con ... diottrie.**	[ɔ bi'zoɲɲo di 'lɛnti kon ... diot'triːe]
Ich bin kurzsichtig/ weitsichtig.	**Sono miope/ presbite.**	['soːno 'miːope/ 'prɛzbite]
Wann kann ich die Brille abholen?	**Quando posso ritirare gli occhiali?**	['kuando 'pɔsso riti'raːre ʎi ok'kiaːli]
Ich brauche Reinigungslösung für meine harten/weichen Kontaktlinsen.	**Ho bisogno della soluzione disinfettante per le mie lenti a contatto rigide/ morbide.**	[ɔ bi'zoɲɲo 'della solut'tsioːne dizin- fet'tante per le 'miːe 'lɛnti a kon'tatto 'riːdʒide/'mɔrbide]

Aufbewahrungs-lösung	**soluzione con-servante** *f*	[solutˈtsioːne konserˈvante]
Bügel	**asta** *f*	[ˈasta]
Brille	**occhiali** *m pl*	[okˈkiaːli]
Brillenetui	**portaocchiali** *m*	[portaokˈkiaːli]
Brillenfassung	**montatura** *f*	[montaˈtuːra]
Brillenglas	**lente** *f*	[ˈlɛnte]
Dioptrien	**diottria** *f*	[diotˈtriːa]
Eintageslinsen	**lenti** *f pl* **usa e getta**	[ˈlɛnti ˈuːsa e ˈdʒɛtta]
Entspiegelung	**antiriflesso** *m*	[antiriˈflɛsso]
Gestell	**montatura** *f*	[montaˈtuːra]
Gläser	**lenti** *f pl*	[ˈlɛnti]
Fernglas	**binocolo** *m*	[biˈnɔːkolo]
Kontaktlinsen	**lenti** *f pl* **a contatto**	[ˈlɛnti a konˈtatto]
Kunststoffglas	**lente** *f* **infrangibile**	[ˈlɛnte infranˈdʒiːbile]
Kurzsichtigkeit	**miopia** *f*	[mioˈːpiːa]
Lesebrille	**occhiali** *m pl* **da lettura**	[okˈkiaːli da letˈtuːra]
Lupe	**lente** *f* **d'ingran-dimento**	[ˈlɛnte din-grandiˈmento]
minus	**meno**	[ˈmeːno]
plus	**più**	[ˈpiu]
Rezept	**ricetta** *f*	[riˈtʃetta]
Sehschärfe	**acutezza** *f* **visiva**	[akuˈtettsa viˈziːva]
Sehtest	**test** *m* **della vista**	[tɛst ˈdella ˈviːsta]
Sonnenbrille	**occhiali** *m pl* **da sole**	[okˈkiaːli da ˈsoːle]
Weitsichtigkeit	**presbiopia** *f*	[prɛzbioˈpiːa]

Haben Sie deutsche Zeitungen/Zeitschriften?	**Avete giornali tedeschi/riviste tedesche?**	[a'veːte dʒor'naːli te'deːski/ri'viːste te'deːske]
Ich brauche einen Reiseführer/eine Wanderkarte von dieser Gegend.	**Vorrei una guida/una cartina della regione.**	[vor'rɛːi 'una 'guiːda/'uːna kar'tiːna 'della re'dʒoːne]
Haben Sie Briefumschläge?	**Avete delle buste?**	[a'veːte 'delle 'buste]
Bekomme ich bei Ihnen auch Briefmarken?	**Avete anche francobolli?**	[a'veːte 'anke fraŋko'bolli]
Ich hätte gerne eine Speicherkarte/Akkus für diese Kamera.	**Vorrei una carta di memoria/batteria per questa macchina fotografica.**	[vor'rɛːi una 'kartadi me'mɔːria/batte'riːa per' kuesta 'makkina foto'graːfika]
Der Auslöser funktioniert nicht mehr.	**Il pulsante non funziona più.**	[il pul'sante non funtsio'na piu]
Können Sie die Bilder von meiner Digitalkamera auf CD brennen?	**Può copiare/materizzare le foto dalla mia macchina fotografica su cd?**	[puɔ kopiaːre/materidsaːre le fɔːto dalla mia 'makkina foto-'graːfika su tʃi'di]

Akku	**accumulatore** *m*	[akkumula'to:re]
Batterie	**batteria** *f*	[batte'ri:a]
Bleistift	**matita** *f*	[ma'ti:ta]
Briefpapier	**carta da lettere** *f*	['karta da 'lettere]
Briefumschlag	**busta** *f*	['busta]
Digitalkamera	**macchina** *f* **fotografica digitale**	['makkina foto-'gra:fika didʒi'ta:le]
Fotos hochladen	**uploadare fotografie** *f pl*	[ʌplou'da:re fotogra'fi:e]
Kugelschreiber	**penna** *f* **a sfera**	['penna a 'sfɛ:ra]

*Beim „tabaccaio" kann man nicht nur Zigaretten kaufen,
sondern auch Briefmarken, Postkarten und Schreibutensilien.*

Landkarte	**cartina** *f*	[kar'ti:na]
Postkarte	**cartolina** *f*	[karto'li:na]
Reiseführer	**guida** *f*	['gui:da]
Speicherkarte	**carta** *f* **di memoria**	['karta di me'mɔ:ria]
Spiegelreflexkamera	**macchina** *f* **fotografica reflex**	['makkina foto-'gra:fika re'fleks]
Stadtplan	**piantina** *f* **della città**	[pian'ti:na 'della tʃit'ta]
Tabak	**tabacco** *m*	[ta'bakko]
Zeitschrift	**rivista** *f*	[ri'vista]
Zeitung	**giornale** *m*	[dʒor'na:le]
Zigarette	**sigaretta** *f*	[siga'retta]
Zigarre	**sigaro** *m*	['si:garo]

Welche Souvenirs sind typisch für diese Gegend?	**Quali sono i souvenir tipici della regione?**	[ˈkuaːli ˈsoːno i suvˈnir ˈtiːpitʃi ˈdella reˈdʒoːne]
Ich möchte ein Andenken kaufen.	**Vorrei comprare un pensierino.**	[vorˈrɛːi komˈpraːre un pensieˈriːno]
Dieses Schmuckstück ist wunderschön.	**Questo gioiello è bellissimo.**	[ˈkueːsto dʒoˈiɛllo ɛ belˈlissimo]
Aus welchem Material ist das?	**Di che materiale è?**	[di ke mateˈriaːle ɛ]
Ist das Handarbeit?	**È fatto a mano?**	[ɛ ˈfatto a ˈmaːno]
Ist das antik/echt?	**È antico?/È vero?**	[ɛ anˈtiːko/ɛ ˈvɛːro]
Könnte ich diese Kette anprobieren?	**Potrei provare questa collana?**	[poˈtrɛːi proˈvaːre ˈkueːsta kolˈlaːna]
Darf ich das Stück mal anfassen?	**Posso toccarlo?**	[ˈpɔsso tokˈkarlo]
Können Sie mir das einmal genauer zeigen?	**Me lo può far(e) vedere bene?**	[me lo ˈpuɔ far(e) veˈdeːre ˈbeːne]
Was kostet dieses Souvenir?	**Quanto costa questo souvenir?**	[ˈkuanto ˈkoːsta ˈkueːsto suvˈnir]

Anhänger	**ciondolo** m	[ˈtʃondolo]
antik	**antico**	[anˈtiːko]
Armband	**braccialetto** m	[brattʃaˈletto]
Armbanduhr	**orologio** m	[oroˈlɔːdʒo]
Batterie	**batteria** f	[batteˈriːa]
Brosche	**spilla** f	[ˈspilla]
Ehering	**fede** f	[feːde]
Figur	**figura** f	[fiˈɡuːra]
Fußkette	**cavigliera** f	[kaviʎˈʎeːra]
Gold	**oro** m	[ˈɔːro]
Hut	**cappello** m	[kapˈpɛllo]
Karat	**carato** m	[kaˈraːto]
Kette	**catenina** f	[kateˈniːna]
Ohrring	**orecchino** m	[orekˈkiːno]
Perle	**perla** f	[ˈperla]

In Sardinien gibt es die bekanntesten Korallen in Europa, die rote Mittelmeerkoralle. Es ist eine Edelkoralle, die völlig einfarbig ist. Geübte Taucher können weitläufige Korallenriffe in leuchtendem Rot im Norden der Insel finden. Die roten Kostbarkeiten stehen unter strengem Naturschutz!

Ring	**anello** m	[aˈnɛllo]
Schmuck	**gioiello** m	[dʒoˈiɛllo]
Silber	**argento** m	[arˈdʒɛnto]
Vase	**vaso** m	[ˈvaːzo]
vergoldet	**dorato**	[doˈraːto]
versilbert	**argentato**	[ardʒenˈtaːto]

Wie oft findet der Wochenmarkt statt?	**Quante volte è il mercatino la settimana?**	['kuante 'volte ɛ il mer'ka:tino la setti'ma:na]
Bitte geben Sie mir ein Kilo …	**Per favore, mi dia un chilo di …**	[per fa'vo:re mi 'di:a un 'ki:lo di …]
Danke, das ist alles.	**Grazie, è tutto.**	['grattsie ɛ 'tutto]
antik	**antico**	[an'ti:ko]
Antiquitäten	**antichità** *f pl*	[antiki'ta]
Basar	**bazar** *m*	[ba'dzar]
Fischstand	**banco del pesce** *m*	['baŋko del 'peʃʃe]

Obst und Gemüse kauft man am besten direkt auf dem Wochenmarkt – dort ist es am frischesten und auch am preiswertesten.

Frischobst	**frutta fresca** *f*	['frutta 'fre:ska]
günstig	**economico**	[eko'no:miko]
Händler	**commerciante** *m*	[kommer'tʃante]
kaufen	**comprare**	[kom'pra:re]
Obst-/Gemüsestand	**banco della frutta/ verdura** *m*	['baŋko 'della 'frutta/ver'du:ra]
Schmuck	**gioielli** *m pl*	[dʒo'iɛlli]
Souvenir	**souvenir** *m*	[suv'nir]
Stand	**banco** *m*	['baŋko]
Wochenmarkt	**mercato settimanale** *m*	[mer'ka:to settima'na:le]
verkaufen	**vendere**	['vendere]

Ananas	**ananas** *m*	[ˈaːnanas]
Apfel	**mela** *f*	[ˈmeːla]
Aprikose	**albicocca** *f*	[albiˈkɔkka]
Artischocke	**carciofo** *m*	[karˈtʃɔːfo]
Auberginen	**melanzane** *f pl*	[melanˈdzaːne]
Banane	**banana** *f*	[baˈnaːna]
Beeren	**bacche** *f pl*	[ˈbakke]
Birne	**pera** *f*	[ˈpeːra]
Blaubeeren	**mirtilli** *m pl*	[mirˈtilli]
Blumenkohl	**cavolfiore** *m*	[kavolˈfioːre]
Bohnen	**fagioli** *m pl*	[faˈdʒoːli]
Brombeeren	**more** *f pl*	[ˈmɔːre]
Champignons	**champignons** *m pl*	[ˈʃampiɲɔ̃n]
Chicoree	**cicoria** *f*	[tʃiˈkɔːria]
Datteln	**datteri** *m pl*	[ˈdatteri]
Erbsen	**piselli** *m pl*	[piˈzelli]
Erdbeeren	**fragole** *f pl*	[ˈfraːgole]
Feige	**fico** *m*	[ˈfiːko]
Granatapfel	**melograno** *m*	[meloˈgraːno]
Grapefruit	**pompelmo** *m*	[pomˈpɛlmo]
Grünkohl	**cavolo** *m*	[ˈkaːvolo]
Gurke	**cetriolo** *m*	[tʃetriˈɔːlo]
Haselnuss	**nocciola** *f*	[notˈtʃɔːla]
Himbeeren	**lamponi** *m pl*	[lamˈpoːni]
Johannisbeere	**ribes** *m*	[ˈriːbes]
Karotten	**carote** *f*	[kaˈrɔte]
Kartoffeln	**patate** *f pl*	[paˈtaːte]
Kastanien	**castagne** *f pl*	[kaˈstaɲɲe]
Kirschen	**ciliegie** *f pl*	[tʃiˈliɛːdʒe]
Kohl	**cavolo** *m*	[ˈkaːvolo]

Kohlrabi	**cavolo** m **rapa**	[ˈkaːvolo ˈraːpa]
Knoblauch	**aglio** m	[ˈaʎʎo]
Kürbis	**zucca** f	[ˈdzukka]
Lauch	**porro** m	[ˈpɔrro]
Linsen	**lenticchie** f pl	[lenˈtikkie]
Mandarine	**mandarini** m pl	[mandaˈriːni]
Melone	**melone** m	[meˈloːne]
Nüsse	**noci** f pl	[ˈnoːtʃi]
Orange	**arancia** f	[aˈrantʃa]
Paprikaschoten	**peperoni** m pl	[pepeˈroːni]
Pfirsich	**pesca** f	[ˈpɛːska]
Pflaumen	**prugne** f pl	[ˈpruɲɲe]
Pilze	**funghi** m pl	[ˈfuŋgi]
Quitten	**mele** f pl **cotogne**	[ˈmeːle koˈtoɲɲe]
Radieschen	**ravanelli** m pl	[ravaˈnɛlli]
Rhabarber	**rabarbaro** m	[raˈbarbaro]
Rosenkohl	**cavolo di Bruxelles** m	[ˈkaːvolo di bruˈksɛl]
Rote Beete	**rape** f pl **rosse**	[ˈraːpe ˈrosse]
Salat	**insalata** f	[insaˈlaːta]
Schnittlauch	**erba** f **cipollina**	[ˈɛrba tʃipolˈliːna]
Sellerie	**sedano** m	[ˈsɛːdano]
Spargel	**asparagi** m pl	[asˈpaːradʒi]
Spinat	**spinaci** m pl	[spiˈnaːtʃi]
Steinpilze	**porcini** m pl	[porˈtʃiːni]
Tomaten	**pomodori** m pl	[pomoˈdɔːri]
Traube	**uva** f	[ˈuːva]
Wassermelone	**anguria** f	[aŋˈguːria]
Zitrone	**limone** m	[liˈmoːne]
Zwiebel	**cipolla** f	[tʃiˈpolla]

Bank & Post

Wo ist der nächste Geldautomat?	**Dov'è il bancomat più vicino?**	[do'vɛ il 'baŋkomat piu vit'ʃiːno]
Wo kann ich hier Geld wechseln?	**Dove posso cambiare i soldi?**	['doːve 'pɔsso kam'biaːre i 'sɔl:di]
Ich möchte bitte ... Euro von meinem Konto abheben.	**Vorrei prelevare ... euro dal mio conto, per favore.**	[vor'rɛːi prele'vaːre ... 'ɛːuro dal 'miːo 'konto per fa'voːre]
Ich möchte dieses auf mein Konto einzahlen.	**Vorrei versare questo sul mio conto.**	[vor'rɛːi ver'saːre 'kueːsto sul 'miːo 'konto]
Haben Sie Ihren Personalausweis dabei?	**Ha la sua carta d'identità?**	[a la 'suːa 'karta didenti'ta]
Unterschreiben Sie bitte hier.	**Per favore, firmi qui.**	[per fa'voːre 'firmi kui]
Ich brauche Münzen.	**Avrei bisogno di monete.**	[a'vrɛːi bi'zoɲɲo di mo'neːte]
Ich habe meine Reiseschecks leider verloren. Was muss ich tun?	**Purtroppo ho perso i miei travellers' cheques. Che cosa devo fare?**	[pur'trɔppo ɔ 'pɛrso i 'mieːi travelʃek ke 'kɔːsa 'deːvo faːre]

abheben	**prelevare**	[preleˈvaːre]
auszahlen	**pagare**	[paˈgaːre]
Bankkonto	**conto** *m* **corrente**	[ˈkonto korˈrente]
Bankleitzahl	**codice** *m* **bancario**	[ˈkɔːditʃe banˈkaːrio]
bar	**in contanti**	[in konˈtanti]
Bargeld	**contanti** *m pl*	[konˈtanti]
Betrag	**importo** *m*	[imˈpɔrto]
Devisen	**valuta** *f* **estera**	[vaˈluːta ˈɛːstera]
einzahlen	**versare**	[verˈsaːre]
Euro	**euro** *m*	[ˈɛːuro]
Formular	**formulario** *m*	[formuˈlaːrio]
Geheimzahl	**codice** *m* **segreto**	[ˈkɔːditʃe seˈgreːto]
Geld	**denaro** *m*	[deˈnaːro]
Geldautomat	**bancomat** *m*	[ˈbaŋkomat]
Geldschein	**banconota** *f*	[baŋkoˈnɔːta]
Geldwechsel	**cambio** *m*	[ˈkambio]
Kleingeld	**spiccioli** *m pl*	[ˈspittʃoli]
Konto	**conto** *m*	[ˈkonto]
Kreditkarte	**carta** *f* **di credito**	[ˈkarta di ˈkreːdito]
Münze	**moneta** *f*	[moˈneːta]
Quittung	**ricevuta** *f*	[ritʃeˈvuːta]
Schalter	**sportello** *m*	[sporˈtɛllo]
Scheck	**assegno** *m*	[asˈseɲɲo]
Überweisung	**bonifico** *m*	[boˈniːfiko]
Unterschrift	**firma** *f*	[ˈfirma]
Währung	**valuta** *f*	[vaˈluːta]
Zahlung	**pagamento** *m*	[pagaˈmento]

Wo finde ich den nächsten Briefkasten?	**Dov'è la buca delle lettere più vicina?**	[do'vɛ la 'buːka 'delle 'lettere piu vi'tʃiːna]
Wie viel Porto kommt auf einen Brief/ eine Postkarte nach Deutschland?	**Quanto devo pagare per una lettera/ cartolina per la Germania?**	['kuanto 'deːvo pa'gaːre per 'uːna 'lettera/ karto'liːna per la dʒer'maːnia]
Wie lange braucht ein Brief nach Deutschland?	**Quanto ci mette una lettera per la Germania?**	['kuanto tʃi 'mette 'uːna 'lettera per la dʒer'maːnia]
Drei Briefmarken zu ..., bitte.	**Tre francobolli da ..., per favore.**	[tre franko'bolli da ... per fa'voːre]
Ich möchte ein Einschreiben aufgeben.	**Vorrei fare una raccomandata.**	[vor'rɛi 'faːre 'uːna rakkoman'daːta]
Diesen Brief bitte per Luftpost/Express.	**Questa lettera via aerea/espresso, per favore.**	['kueːsta 'lettera 'viːa a'ɛːrea/ es'presso per fa'voːre]
Haben Sie Sondermarken?	**Avete francobolli da collezione?**	[a'veːte franko'bolli da kollet'tsioːne]

absenden	**spedire**	[spe'di:re]
Absender	**mittente** m	[mit'tɛnte]
Adresse	**indirizzo** m	[indi'rittso]
aufgeben	**spedire**	[spe'di:re]
ausfüllen	**compilare**	[kompi'la:re]
Bestimmungsort	**destinazione** f	[destinat'tsio:ne]
Brief	**lettera** f	['lettera]
Briefkasten	**buca** f **delle lettere**	['bu:ka 'delle 'lettere]
Briefmarke	**francobollo** m	[fraŋko'bollo]
Briefmarkenautomat	**distributore** m **di francobolli**	[distribu'to:re di fraŋko'bolli]
Briefumschlag	**busta** f	['bu:sta]
Drucksache	**stampe** f pl	['stampe]
Eilbrief	**lettera** f **espresso**	['lettera es'presso]
Einschreibebrief	**lettera** f **raccomandata**	['lettera rakkoman'da:ta]
einzahlen	**pagare**	[pa'ga:re]
Empfänger	**destinatario** m	[destina'ta:rio]
Empfangsbestätigung	**ricevuta** f **di ritorno**	[rit͡ʃe'vu:ta di ri'torno]
Formular	**modulo** m	['mɔ:dulo]
frankieren	**affrancare**	[affraŋ'ka:re]
Gebühr	**tassa** f	['tassa]
Gewicht	**peso** m	['pe:zo]
Hauptpostamt	**ufficio** m **postale centrale**	[uf'fi:t͡ʃo pos'ta:le t͡ʃen'tra:le]
Leerung	**ritiro** m **della posta**	[ri'ti:ro 'della 'pɔ:sta]

131

Luftpost	**posta** *f* **aerea**	[ˈpɔːsta aˈɛːrea]
Münztelefon	**telefono** *m* **a monete**	[teˈlɛːfono a moˈneːte]
nachsenden	**inoltrare**	[inolˈtraːre]
Päckchen	**pacchetto** *m*	[pakˈketto]
Paket	**pacco** *m*	[ˈpakko]
Paketkarte	**bollettino** *m* **di spedizione**	[bolletˈtiːno di speditˈtsioːne]
Porto	**affrancatura** *f*	[affraŋkaˈtuːra]
Post	**posta** *f*	[ˈpɔsta]
Postamt	**ufficio** *m* **postale**	[ufˈfiːtʃo posˈtaːle]
Postkarte	**cartolina** *f*	[kartoˈliːna]
postlagernd	**fermo posta**	[ˈfermo ˈpɔsta]
Postleitzahl	**codice** *m* **di avviamento postale**	[ˈkɔːditʃe di avviaˈmento posˈtaːle]
Schalter	**sportello** *m*	[sporˈtɛllo]
Schalterstunden	**orario** *m* **dello sportello**	[oˈraːrio ˈdello sporˈtɛllo]
Telefax	**telefax** *m*	[ˈteːlefaks]
Telefon	**telefono** *m*	[teˈlɛːfono]
Telegramm	**telegramma** *m*	[teleˈgramma]
unfrankiert	**senza francobollo**	[ˈsentsa fraŋkoˈbollo]
Vordruck	**modulo** *m*	[ˈmoːdulo]
Warteschlange	**fila** *f*	[ˈfiːla]
Wertangabe	**dichiarazione** *f* **del valore**	[dikiaratˈtsioːne del vaˈloːre]
Zollerklärung	**dichiarazione** *f* **doganale**	[dikiaratˈtsioːne dogaˈnaːle]

Unterhaltung & Freizeit

Welches Stück wird im Theater gegeben?	**Che cosa danno a teatro?**	[ke ˈkɔːsa ˈdanno a teˈaːtro]
Was läuft morgen Abend im Kino?	**Che cosa c'è domani sera al cinema?**	[ke ˈkɔːsa ˈtʃe doˈmaːni ˈseːra al ˈtʃiːnema]
Wo bekomme ich das Kinoprogramm?	**Dove posso trovare il programma del cinema?**	[ˈdoːve ˈpɔsso troˈvaːre il proˈgramma del ˈtʃiːnema]
Wird in der Stadt ein Musical aufgeführt?	**Danno un musical in città?**	[ˈdanno un ˈmiuːzikəl in tʃitˈta]
Können Sie mir ein gutes Theaterstück/ einen guten Film empfehlen?	**Mi può consigliare un bello spettacolo teatrale/un bel film?**	[mi ˈpuɔ konsiʎˈʎaːre un ˈbɛllo spetˈtaːkolo teaˈtraːle/un bɛl film]
Wann beginnt die Vorstellung?	**Quando comincia lo spettacolo?**	[ˈkuando koˈmintʃa lo spetˈtaːkolo]
Wo kann ich die Karten kaufen?	**Dove posso comprare i biglietti?**	[ˈdoːve ˈpɔsso komˈpraːre i biʎˈʎetti]
Gibt es noch Karten für ...?	**Ci sono ancora biglietti per ...?**	[tʃi ˈsoːno aŋˈkoːra biʎˈʎetti per ...]

Zwei Karten für heute Abend.	**Due biglietti per stasera.**	[ˈduːe biʎˈʎetti per staˈseːra]
Bitte vier Karten in der ersten/zweiten/ dritten Preiskategorie.	**Quattro biglietti nella prima/seconda/ terza categoria di prezzo.**	[ˈkuattro biʎˈʎetti ˈnella ˈpriːma/seˈkonda/ˈtertsa kateˈɡoˈriːa di ˈprɛttso]
Zwei Erwachsene, ein Kind.	**Due adulti, un bambino.**	[ˈduːe aˈdulti un bamˈbiːno]
Wann ist die Vorstellung zu Ende?	**Quando finisce lo spettacolo?**	[ˈkuando fiˈniːʃe lo spetˈtakolo]
Wo ist die Garderobe?	**Dov'è il guardaroba?**	[doˈvɛ il guardaˈrɔːba]
Hängen Sie bitte beide Mäntel zusammen.	**Appenda, per favore, i due cappotti insieme.**	[apˈpɛnda per faˈvoːre i ˈduːe kapˈpɔtti inˈsiɛːme]
Gibt es eine Pause?	**C'è un intervallo?**	[tʃɛ un interˈvallo]
Hat Ihnen der Film gefallen?	**Le è piaciuto il film?**	[le ɛ piaˈtʃuːto il film]
Das Stück/Konzert fand ich sehr gut.	**Lo spettacolo/Il concerto mi è piaciuto molto.**	[lo spetˈtakolo/il conˈtʃɛrto mi ɛ piaˈtʃuːto ˈmolto]

Akt	**atto** m	[ˈatto]
Aufführung	**rappresentazione** f	[rappresenta-ˈtsioːne]
Ballett	**balletto** m	[balˈletto]
Bühne	**palcoscenico** m	[palkoˈʃɛːniko]
Chor	**coro** m	[ˈkɔːro]
Dirigent	**direttore** m	[diretˈtoːre]
Drama	**dramma** m	[ˈdramma]
Eintrittskarte	**biglietto** m **d'ingresso**	[biʎˈʎetto diŋˈɡresso]
Festspiele	**festival** m	[ˈfeːstival]
Film	**film** m	[film]
Filmschauspieler/in	**attore** m **cinemato-grafico/attrice** f	[atˈtoːre tʃinematoˈɡraː-fiko/atˈtritʃe]
Freilichtkino	**cinema** m **all'aperto**	[ˈtʃiːnema allaˈpɛrto]
Garderobe	**guardaroba** m	[ɡuardaˈrɔːba]
Hauptrolle	**ruolo** m **principale**	[ˈruɔːlo printʃiˈpaːle]
Inszenierung	**messa** f **in scena**	[ˈmessa in ˈʃɛːna]
Jazzkonzert	**concerto** m **jazz**	[konˈtʃerto dʒæz]
Kabarett	**cabaret** m	[kabaˈrɛ]
Kasse	**cassa** f	[ˈkassa]
Kino	**cinema** m	[ˈtʃiːnema]
Kirchenkonzert	**concerto** m **in chiesa**	[konˈtʃerto in ˈkiɛːza]
Komödie	**commedia** f	[komˈmɛːdia]
Komponist	**compositore** m	[kompoziˈtoːre]
Konzert	**concerto** m	[konˈtʃerto]

Loge	**palco** m	['palko]
Musical	**musical** m	['miu:zikəl]
Oper	**opera** f	['ɔːpera]
Operette	**operetta** f	[ope'retta]
Opernglas	**binocolo** m **da teatro**	[bi'nɔːkolo da te'aːtro]
Orchester	**orchestra** m	[or'kɛːstra]
Parkett	**platea** f	[pla'tɛːa]
Pause	**intervallo** m	[inter'vallo]
Popkonzert	**concerto** m **pop**	[kon'tʃɛrto pɔp]
Premiere	**prima** f	['priːma]
Programm	**programma** m	[pro'gramma]
Rang	**fila** f	['fiːla]
Regie	**regia** f	[re'dʒiːa]
Rolle	**ruolo** m	['ruɔːlo]
Sänger/in	**cantante** m/f	[kan'tante]
Schauspiel	**opera** f **teatrale**	['ɔːpera tea'traːle]
Schauspieler/in	**attore** m/**attrice** f	[at'toːre/ at'triːtʃe]
Solist/in	**solista** m/f	[so'liːsta]
Spielplan	**programma** m	[pro'gramma]
Tänzer/in	**ballerino/a** m/f	[balle'riːno/a]
Theaterstück	**pezzo** m **teatrale**	['pɛttso tea'traːle]
Untertitel	**sottotitoli** m pl	[sotto'tiːtoli]
Varieté	**variété** m	[varje'te]
Veranstaltungs- kalender	**calendario** m **delle manifestazioni**	[kalen'daːrio 'delle mani- festat'tsioːni]
Vorstellung	**spettacolo** m	[spet'taːkolo]
Vorverkauf	**prevendita** f	[pre'vendita]
Zirkus	**circo** m	['tʃirko]

Eintritt frei!	**Entrata libera!**	[enˈtraːta ˈliːbera]
Was kostet der Eintritt/die Führung?	**Quanto costa l'entrata/la visita guidata?**	[ˈkuanto ˈkoːsta lenˈtraːta/la ˈviːzita guiˈdaːta]
Gibt es einen Katalog zur Ausstellung?	**C'è un catalogo della mostra?**	[tʃɛ un kaˈtaːlogo ˈdella ˈmoːstra]
Wann ist das Museum geöffnet?	**Quando è aperto il museo?**	[ˈkuando ɛ aˈpɛrto il muˈzɛːo]
Wann beginnt die Führung?	**Quando comincia la visita guidata?**	[ˈkuando koˈmintʃa la ˈviːzita guiˈdaːta]
Gibt es auch eine Führung auf Deutsch?	**C'è una visita guidata anche in tedesco?**	[tʃɛ ˈuːna ˈviːzita guiˈdaːta ˈaŋke in teˈdeːsko]
Welche Sehenswürdigkeiten gibt es hier?	**Cosa c'è di interessante da vedere?**	[ˈkɔːsa tʃɛ di interesˈsante da veˈdeːre]
Wir möchten … besichtigen.	**Vorremmo visitare …**	[vorˈremmo viziˈtaːre …]
Was für ein Platz/eine Kirche ist das?	**Che piazza/chiesa è questa?**	[ke ˈpiattsa/ˈkiɛːza ɛ ˈkueːsta]

Wann wurde dieses Gebäude erbaut/restauriert?	**Quando fu costruito/restaurato questo edificio?**	[ˈkuando fu kosˈtruˈiːto/restauˈraːto ˈkueːsto ediˈfiːtʃo]
Aus welcher Epoche stammt dieses Haus/Bauwerk?	**A che epoca risale questa casa/costruzione?**	[a ke ˈɛːpoka riˈsaːle ˈkueːsta ˈkaːsa/kostrutˈtsioːne]
Gibt es in der Stadt noch andere Werke von diesem Architekten?	**Ci sono altre opere di questo architetto in città?**	[tʃi ˈsoːno ˈaltre ˈɔːpere di ˈkueːsto arkiˈtetto in tʃitˈta]
Wo sind die Funde ausgestellt?	**Dove sono esposti i reperti?**	[ˈdoːve ˈsoːno eˈspoːsti i reˈpɛrti]
Wer hat dieses Bild gemalt?	**Chi ha dipinto questo quadro?**	[ki a diˈpinto ˈkueːsto ˈkuaːdro]
Wer hat diese Plastik/Statue geschaffen?	**Chi ha fatto questa scultura/statua?**	[ki a ˈfatto ˈkueːsta skulˈtuːra/ˈstaːtua]
Haben Sie das Bild als Poster/Postkarte?	**Avete il poster/la cartolina di questo quadro?**	[aˈveːte il ˈpɔːster/la kartoˈliːna di ˈkueːsto ˈkuaːdro]
Darf man hier fotografieren/filmen?	**Si può fotografare/filmare qui?**	[si ˈpuɔ fotograˈfaːre/filˈmaːre ˈkui]

Deutsch	Italienisch	Aussprache
Akt	**nudo** m	[ˈnuːdo]
Altar	**altare** m	[alˈtaːre]
antik	**antico**	[anˈtiːko]
Antike	**antichità** f	[antikiˈta]
Architektur	**architettura** f	[arkitetˈtuːra]
Aquarell	**acquerello** m	[akkueˈrɛllo]
Ausstellung	**esposizione** f	[espozitˈtsioːne]
Barock	**barocco** m	[baˈrɔkko]
Besichtigung	**visita** f	[ˈviːzita]
Bild	**quadro** m	[ˈkuaːdro]
Bildhauer	**scultore** m	[skulˈtoːre]
Bronze	**bronzo** m	[ˈbrondzo]
Büste	**busto** m	[ˈbuːsto]
Deckenmalerei	**affresco** m	[afˈfreːsko]
Denkmalschutz	**tutela** f **dei monumenti**	[tuˈtɛːla ˈdeːi monuˈmenti]
Design	**design** m	[diˈzain]
Epoche	**epoca** f	[ˈɛːpoka]
Expressionismus	**espressionismo** m	[espressioˈniːzmo]
Fotografie	**fotografia** f	[fotograˈfiːa]
Fremdenführer	**guida** f **turistica**	[ˈguiːda tuˈriːstika]
Fresko	**affresco** m	[afˈfreːsko]
Fries	**fregio** m	[ˈfreːdʒo]
Führung	**visita** f **guidata**	[viːzita guiˈdaːta]
Funde	**reperti** m pl	[reˈpɛrti]
Galerie	**galleria** f	[galleˈriːa]
Gemälde	**quadro** m	[ˈkuaːdro]
Geschichte	**storia** f	[ˈstɔːria]
Gotik	**gotico** m	[ˈgɔːtiko]
Illustration	**illustrazione** f	[illustratˈtsioːne]

Impressionismus	**impressionismo** *m*	[impressioˈnizmo]
Jugendstil	**liberty** *m*	[ˈliːberti]
Keramik	**ceramica** *f*	[tʃeˈraːmika]
Klassizismus	**classicismo** *m*	[klassiˈtʃizmo]
Kubismus	**cubismo** *m*	[kuˈbizmo]
Kunst	**arte** *f*	[ˈarte]
Material	**materiale** *m*	[mateˈriaːle]
Modell	**modello** *m*	[moˈdɛllo]
modern	**moderno**	[moˈdɛrno]

Bei Kirchenbesichtigungen sind kurze Röcke oder freier Oberkörper unerwünscht. Aus Pietätsgründen empfiehlt sich angemessene Kleidung.

Ölmalerei	**pittura** *f* **a olio**	[pitˈtuːra a ˈɔːlio]
Pastell	**pastello** *m*	[pasˈtɛllo]
Plastik	**arte** *f* **plastica**	[ˈarte ˈplaːstika]
Porträt	**ritratto** *m*	[riˈtratto]
Realismus	**realismo** *m*	[reaˈlizmo]
Renaissance	**rinascimento** *m*	[rinaʃʃiˈmento]
Romantik	**romanticismo** *m*	[romantiˈtʃizmo]
Sehenswürdigkeiten	**cose** *f pl* **da vedere**	[ˈkɔːse da veˈdeːre]
Skulptur	**scultura** *f*	[skulˈtuːra]
Stil	**stile** *m*	[ˈstiːle]
Stillleben	**natura** *f* **morta**	[naˈtuːra ˈmɔːrta]
Surrealismus	**surrealismo** *m*	[surreaˈlizmo]
Wandmalerei	**pittura** *f* **murale**	[pitˈtuːra muˈraːle]

Wo ist das Fremdenverkehrsbüro?	**Dov'è l'ufficio turistico?**	[do've luf'fi:tʃo tu'ri:stiko]
Ich möchte gerne einen Veranstaltungskalender.	**Vorrei il programma delle manifestazioni.**	[vor'rɛi il pro'gramma 'delle manifestat'tsio:ni]
Ich möchte gerne einen Stadtplan bitte.	**Vorrei una piantina della città, per favore.**	[vor'rɛi 'u:na pian'ti:na 'della tʃit'ta per fa'vo:re]
Gibt es auch geführte Touren?	**Ci sono anche visite guidate?**	[tʃi 'so:no 'aŋke 'vi:zite gui'da:te]
Ich möchte ... besichtigen.	**Vorrei visitare ...**	[vor'rɛi vizi'ta:re ...]
Ich möchte eine Bergtour machen.	**Vorrei fare un'escursione in montagna.**	[vor'rɛi 'fa:re uneskur'sio:ne in mon'taɲɲa]
Können Sie mir bitte eine Tour empfehlen?	**Mi può consigliare un'escursione, per favore?**	[mi 'puɔ konsiʎ'ʎa:re uneskur'sio:ne per fa'vo:re]
Was kostet der Eintritt?	**Quanto costa l'entrata?**	['kuanto 'ko:sta len'tra:ta]

Gibt es eine Ermäßigung für Studenten/Kinder/Senioren?	**Ci sono riduzioni per studenti/bambini/pensionati?**	[tʃi 'soːno ridut'tsioːni per stu'dɛnti/bam'biːni/pensio'naːti]
Für morgen zwei Plätze nach ...	**Due biglietti per ... per domani.**	['duːe biʎ'ʎetti per ... per do'maːni]
Zwei Erwachsene, zwei Kinder, bitte.	**Due adulti, due bambini, per favore.**	['duːe a'dulti 'duːe bam'biːni per fa'voːre]
Spricht der Fremdenführer Deutsch?	**La guida parla tedesco?**	[la 'guiːda 'parla te'deːsko]
Wo ist der Treffpunkt?	**Dov'è l'appuntamento?**	[do'vɛ lappunta'mento]
Wann geht es los?	**Quando comincia?**	['kuando ko'mintʃa]
Besichtigen wir auch ...?	**Visitiamo anche ...?**	[vizi'tiaːmo 'aŋke ...]
Wann sind wir zurück?	**A che ora siamo di ritorno?**	[a ke 'oːra 'siaːmo di ri'torno]
Wo bekomme ich die Karten?	**Dove ritiro i biglietti?**	['doːve ri'tiːro i biʎ'ʎetti]

Können Sie mir bitte den Weg auf der Wanderkarte zeigen?	**Mi può fare vedere il percorso sulla cartina, per favore?**	[mi ˈpuɔ ˈfaːre veˈdeːre il perˈkorso ˈsulla karˈtiːna per faˈvoːre]
Ist das der Weg nach ...?	**È la strada per ...?**	[ɛ la ˈstraːda per ...]
Ist der Weg gut markiert?	**Il sentiero è segnalato bene?**	[il senˈtiɛːro ɛ seɲɲaˈlaːto ˈbɛːne]
Hier lebte/wurde geboren/starb ...	**Qui visse/nacque/morì ...**	[ˈkui ˈvisse/ ˈnaːkue/moˈri ...]
Aus welchem Jahrhundert stammt ...?	**A che secolo risale ...?**	[a ke ˈsɛːkolo riˈsaːle ...]
Wann wurde ... gebaut?	**Quando fu costruito ...?**	[ˈkuando fu kostruˈiːto ...]
Wer hat ... gebaut?	**Chi ha costruito ...?**	[ki a kostruˈiːto ...]
Von wem stammt dieses Bild?	**Di chi è questo quadro?**	[di ki ɛ ˈkueːsto ˈkuaːdro]
Darf man hier fotografieren?	**Si può fotografare qui?**	[si ˈpuɔ fotograˈfaːre ˈkui]

Altstadt	città f vecchia	[tʃit'ta 'vɛkkia]
Ausflug	gita f	['dʒita]
Ausgrabung	scavo m	['ska:vo]
Aussicht	vista f	['vi:sta]
Ausstellung	esposizione f	[espozit'tsio:ne]
Badegelegenheit	possibilità f di fare il bagno	[possibili'ta di 'fa:re il 'baɲɲo]
Bauernhof	fattoria f	[fatto'ri:a]
Berge	montagne f pl	[mon'taɲɲa]
besichtigen	visitare	[vizi'ta:re]
Bootsfahrt	gita f in barca	['dʒita in 'barka]
Botanischer Garten	giardino m botanico	[dʒar'di:no bo'ta:niko]
Brücke	ponte m	['ponte]
Brunnen	fontana f	[fon'ta:na]
Burg	castello m	[kas'tɛllo]
Dampferfahrt	gita f in battello	['dʒita in bat'tɛllo]
Denkmal	monumento m	[monu'mento]
Dom	duomo m	['duɔ:mo]
Epoche	epoca f	['ɛ:poka]
Erlebnis	esperienza f	[espe'riɛntsa]
Fluss	fiume m	['fiu:me]
Foto	foto f	['fɔ:to]
Freibad	piscina f all'aperto	[piʃ'ʃi:na al-la'pɛrto]
Freizeitpark	parco m di divertimento	['parko di diverti'mento]
Fremdenführer	guida f turistica	['gui:da tu'ri:stika]
Führung	visita f guidata	['vizi:ta gui'da:ta]

Galerie	**galleria** *f*	[galle'ri:a]
Garten	**giardino** *m*	[dʒar'di:no]
Gletscher	**ghiacciaio** *m*	[giat't∫a:io]
Grünanlage	**giardini** *m pl* **pubblici**	[dʒar'di:ni 'pubblit∫i]
Hafen	**porto** *m*	['pɔrto]
Hinfahrt	**andata** *f*	[an'da:ta]
Höhle	**grotta** *f*	['grɔtta]
Jahrhundert	**secolo** *m*	['se:kolo]
Kino	**cinema** *m*	['t∫i:nema]
Kirche	**chiesa** *f*	['kiε:za]
Konzert	**concerto** *m*	[kon't∫εrto]
Kompass	**bussola** *f*	['bussola]
laufen	**camminare**	[kammi'na:re]
Landschaft	**paesaggio** *m*	[pae'zaddʒo]
Leuchtturm	**faro** *m*	['fa:ro]
Maler	**pittore** *m*	[pit'to:re]
Malerei	**pittura** *f*	[pit'tu:ra]
Markt	**mercato** *m*	[mer'ka:to]
Meer	**mare** *m*	['ma:re]
Museum	**museo** *m*	[mu'zε:o]
Nationalpark	**parco** *m* **nazionale**	['parko natsio'na:le]
öffentliche Toilette	**bagni** *m pl* **pubblici**	['baɲɲi 'pubblit∫i]
Oper	**opera** *f*	['ɔ:pera]
Opernhaus	**teatro** *m* **dell'opera**	[te'a:tro dell'ɔ:pera]
Palast	**palazzo** *m*	[pa'lattso]
Park	**parco** *m*	['parko]
Picknick	**picnic** *m*	[pik'nik]

Planetarium	**planetario** m	[plane'ta:rio]
Prospekt	**prospetto** m	[pros'petto]
Radwanderweg	**escursione** f **in bici**	[eskur'sio:ne in 'bi:tʃi]
Rückfahrt	**ritorno** m	[ri'torno]
Ruine	**rovina** f	[ro'vi:na]
Rundfahrt	**giro** m	['dʒi:ro]
Schloss	**castello** m	[kas'tɛllo]
Schlucht	**gola** f	['go:la]
Schwimmbad	**piscina** f	[piʃ'ʃi:na]
See	**lago** m	['la:go]
Sehenswürdigkeit	**cosa** f **da vedere**	['kɔ:sa da ve'de:re]
Stadtmitte	**centro** m	['tʃentro]
Stadtplan	**pianta** f **della città**	['pianta 'della tʃit'ta]
Stadtteil	**quartiere** m	[kuar'tiɛ:re]
Steppe	**steppa** f	['steppa]
Sternwarte	**osservatorio** m **astronomico**	[osserva'tɔ:rio astro'nɔ:miko]
Strand	**spiaggia** f	['spiaddʒa]
Synagoge	**sinagoga** f	[sina'gɔ:ga]
tauchen	**fare sub**	['fa:re sub]
Tempel	**tempio** m	['tɛmpio]
Theater	**teatro** m	[te'a:tro]
Universität	**università** f	[universi'ta]
Wanderung	**escursione** f	[eskur'sio:ne]
Wanderstab	**bordone** m	[bor'do:ne]
Wasserfall	**cascata** f	[kas'ka:ta]
Wüste	**deserto** m	[de'zɛrto]
Zoo	**zoo** m	['dzɔ:o]

Welche Sportveran-staltung gibt es hier?	**Che manifestazione sportiva c'è qui?**	[ke manifestat-'tsio:ne spor'ti:va tʃε kui]
Was kostet der Eintritt?	**Quanto costa l'ingresso?**	['kuanto 'ko:sta liŋ'grɛsso]
Welche Mannschaften spielen?	**Che squadre giocano?**	[ke 'skua:dre 'dʒo:kano]
Gibt es ein Freibad?	**C'è una piscina all'aperto?**	[tʃε u:na piʃ'ʃi:na alla'pɛrto]
Wo ist das Stadion?	**Dov'è lo stadio?**	[do'vε lo 'sta:dio]
Kann ich hier in der Nähe angeln?	**Si può pescare qui vicino?**	[si 'puɔ pe'ska:re 'kui vi'tʃi:no]
Ich möchte ein Boot mieten.	**Vorrei affittare una barca.**	[vor'rɛːi affit'ta:re 'u:na 'barka]
Gibt es hier einen Tennisplatz?	**C'è un campo da tennis?**	[tʃε un 'kampo da 'tɛnnis]
Wo geht es zum Strand?	**Come si arriva alla spiaggia?**	['ko:me si ar'ri:va 'alla 'spiaddʒa]
Wo sind die Um-kleidekabinen?	**Dove sono le cabine?**	['do:ve 'so:no le ka'bi:ne]

Was kostet ein Liege-stuhl?	**Quanto costa uno sdraio?**	[ˈkuanto ˈkoːsta ˈuːno ˈzdraːio]
Kann man einen Sonnenschirm aus-leihen?	**Si può prendere in prestito un ombrel-lone?**	[si ˈpuɔ ˈprɛndere inˈpreːstito un ombrelˈloːne]
Darf man hier baden?	**Si può fare il bagno qui?**	[si ˈpuɔ ˈfaːre il ˈbaːɲɲo kui]
Kann man am Strand Volleyball/Fußball spielen?	**Si può giocare in spiaggia a pallavolo/calcio?**	[si ˈpuɔ dʒoˈkaːre inˈspiaddʒa a pallaˈvoːlo/ˈkaltʃo]
Welche Temperatur hat das Wasser?	**Quanti gradi ha l'acqua?**	[ˈkuanti ˈgraːdi a ˈlakkua]
Wie weit darf man hinausschwimmen?	**Di quanto ci si può allontanare dalla riva?**	[di ˈkuanto tʃi si ˈpuɔ allontaˈnaːre ˈdalla ˈriːva]
Baden verboten!	**Divieto di balnea-zione!**	[diˈviɛːto di balneatˈtsioːne]
Achtung, Strömung!	**Attenzione, corrente!**	[attenˈtsioːne korˈrɛnte]
Ist es für Kinder gefährlich?	**È pericoloso per bambini?**	[ɛ perikoˈloːzo per bamˈbiːni]

Anfänger	**principiante** *m*	[printʃi'piante]
Angel	**canna** *f* **da pesca**	['kanna da 'pe:ska]
Angelhaken	**amo** *m* **da pesca**	['a:mo da 'pe:ska]
Angelschein	**licenza** *f* **di pesca**	[li'tʃentsa di 'pe:ska]
Ausritt	**cavalcata** *f*	[kaval'ka:ta]
Badehose	**costume** *m* **da bagno**	[ko'stu:me da 'baɲɲo]
Bademeister	**bagnino** *m*	[baɲ'ɲi:no]
Ball	**palla** *f*	['palla]
Bergschuhe	**scarponi** *m pl*	[skar'po:ni]
bergsteigen	**fare alpinismo**	['fa:re alpi'nizmo]
Bucht	**baia** *f*	['ba:ia]
Düne	**duna** *f*	['du:na]
Ergebnis	**risultato** *m*	[risul'ta:to]
Fahrrad	**bicicletta** *f*	[bitʃi'kletta]
FKK	**nudismo** *m*	[nu'dizmo]
Fußballspiel	**partita** *f* **di calcio**	[par'ti:ta di 'kaltʃo]
Golfplatz	**campo** *m* **da golf**	['kampo da gɔlf]
Hai	**squalo** *m*	['skua:lo]
Handtuch	**asciugamano** *m*	[aʃʃuga'ma:no]
Kanu	**canoa** *f*	[ka'nɔ:a]
klettern	**arrampicarsi**	[arrampi'karsi]
Köder	**esca** *f*	['eska]
Kurs	**corso** *m*	['korso]
Lawine	**slavina** *f*	[zla'vi:na]
Lebensgefahr	**pericolo** *m* **di morte**	[pe'ri:kolo di 'mɔrte]

Luftmatratze	**materassino** *m*	[materas'si:no]
Lufttemperatur	**temperatura** *f* **dell'aria**	[tempera'tu:ra del'la:ria]
Mannschaft	**squadra** *f*	['skua:dra]
mieten	**affittare**	[affit'ta:re]
Motorboot	**motoscafo** *m*	[moto'ska:fo]
Netz	**rete** *f*	['re:te]
Nichtschwimmer	**non nuotatori**	[non nuota'to:ri]
Pferd	**cavallo** *m*	[ka'vallo]
Platzmiete	**affitto** *m* **del campo**	[af'fitto del 'kampo]
Programm	**programma** *m*	[pro'gramma]
Proviant	**provviste** *f pl*	[prov'vi:ste]
Rettungsring	**salvagente** *m*	[salva'dʒɛnte]
Ruderboot	**barca** *f* **a remi**	['barka a 're:mi]
Sandspielzeug	**giochi** *m pl* **da spiaggia**	['dʒɔ:ki da 'spiaddʒa]
Sauna	**sauna** *f*	['sa:una]
Schläger	**racchetta** *f*	[rak'ketta]
Schnorchel	**tubo** *m*	['tu:bo]
Schwimmflossen	**pinne** *f*	['pinne]
Schwimmflügel	**braccioli** *m pl*	[brat'tʃɔ:li]
Segelboot	**barca** *f* **a vela**	['barka a 've:la]
Shorts	**pantaloncini** *m pl*	[pantalon'tʃi:ni]
Sieg	**vittoria** *f*	[vit'tɔ:ria]
Sonnenbrille	**occhiali** *m pl* **da sole**	[ok'kia:li da 'so:le]
Sonnenkreme	**crema** *f* **solare**	['krɛ:ma so'la:re]
Sport	**sport** *m*	[spɔrt]
Stadion	**stadio** *m*	['sta:dio]
Strand	**spiaggia** *f*	['spiaddʒa]

Strandcafé	**bar** *m* **sulla spiaggia**	[bar 'sulla 'spiaddʒa]
Strandlaken	**telo** *m* **da spiaggia**	['te:lo da 'spiaddʒa]
Strandschuhe	**ciabatte** *f pl* **da spiaggia**	[tʃa'batte da 'spiaddʒa]

i

*Dem deutschen Wort „Ball" entsprechen im Italienischen „palla",
„pallina" und „pallone" – je nach Sportart: Fußball wird mit dem
„pallone" gespielt, Tennis mit der „pallina", beim Wasserball hinge-
gen benutzt man das Wort „palla".*

Strömung	**corrente** *f*	[kor'rɛnte]
Sturmwarnung	**tempesta** *f* **in arrivo**	[tem'pɛ:sta in ar'ri:vo]
Surfbrett	**tavola** *f* **da surf**	['ta:vola da sərf]
Taucherausrüstung	**attrezzatura** *f* **sub-acquea**	[attrettsa'tu:ra sub'akkuea]
Tor	**gol** *m*	[gɔl]
Trainer	**allenatore** *m*	[allena'to:re]
Umkleidekabine	**cabina** *f*	[ka'bi:na]
Wanderkarte	**carta** *f* **topografica**	['karta topo'gra:fika]
wandern	**fare escursioni**	['fa:re eskur'sio:ni]
Wanderweg	**sentiero** *m*	[sen'tiɛ:ro]
Wellen	**onde** *f pl*	['onde]
Ziel	**meta** *f*	['mɛ:ta]

Abfahrtslauf	**discesa** *f*	[diʃˈʃeːsa]
Angeln	**pesca** *f*	[ˈpeska]
Basketball	**pallacanestro** *f*	[pallakaˈnɛstro]
Bergsteigen	**alpinismo** *m*	[alpiˈniːzmo]
Biathlon	**biathlon** *m*	[biaˈtlon]
Bobfahren	**andare con il bob**	[anˈdaːre kon il bɔb]
Boxen	**pugilato** *m*	[pudʒiˈlaːto]
Eishockey	**hockey** *m* **su ghiaccio**	[ˈɔkei su ˈgiattʃo]
Eislaufen	**pattinaggio** *m* **su ghiaccio**	[pattiˈnaddʒo su ˈgiattʃo]
Fahrrad fahren	**ciclismo** *m*	[tʃiˈkliːzmo]
Fechten	**scherma** *f*	[ˈskɛrma]
Federball	**volano** *m*	[voˈlaːno]
Fußball	**calcio** *m*	[ˈkaltʃo]
Golf	**golf** *m*	[gɔlf]
Gymnastik	**ginnastica** *f*	[dʒinˈnaːstika]
Handball	**pallamano** *f*	[pallaˈmaːno]
Jagen	**caccia** *f*	[ˈkattʃa]
joggen	**fare jogging**	[ˈfaːre ˈdʒɔggiŋ]
Judo	**judo** *m*	[ˈdʒuːdo]
Karate	**karatè** *m*	[karaˈtɛ]
Kegeln	**bowling** *m*	[ˈbuːliŋ]
Basketball	**pallacanestro** *f*	[pallakaˈnɛstro]
Kricket	**cricket** *m*	[ˈkriket]
Krocket	**croquet** *m*	[ˈkrokuet]
Kugelstoßen	**lancio** *m* **del peso**	[ˈlantʃo del ˈpeːso]
Langlauf	**sci** *m* **di fondo**	[ʃi di ˈfondo]

Leichtathletik	**atletica** f **leggera**	[aˈtlɛːtika ledˈdʒeːra]
Minigolf	**minigolf** m	[miniˈɡɔlf]
Motorradfahren	**motociclismo** m	[mototʃiˈklizmo]
Motorsport	**automobilismo** m	[automobiˈlizmo]
Mountainbiking	**mountainbiking** m	[mauntənˈbaːiking]
Paragliding	**lancio** m **con il parapendio**	[ˈlantʃo kon il parapenˈdiːo]
Reiten	**equitazione** f	[ekuitatˈtsione]
Ringkampf	**lotta** f	[ˈlɔtta]
Rudern	**cannottaggio** m	[kannotˈtaddʒo]
Schach	**scacchi** m pl	[ˈskakki]
Schwimmen	**nuoto** m	[ˈnuɔːto]
Segeln	**fare** f **della vela**	[ˈfaːre ˈdella ˈveːla]
Skifahren	**sci** m	[ʃi]
Skispringen	**salto** m **con gli sci**	[salˈto kon ʎi ʃi]
Slalom	**slalom** m	[ˈzlaːlom]
Surfen	**surf** m	[sərf]
Tennis	**tennis** m	[ˈtɛnnis]
Tischtennis	**ping-pong** m	[ˈpiŋ ˈpɔŋ]
Triathlon	**triathlon** m	[ˈtriatlon]
Volleyball	**pallavolo** f	[pallaˈvoːlo]
Wasserball	**pallanuoto** f	[pallaˈnuɔːto]
Wasserski	**sci** m **d'acqua**	[ʃi ˈdakkua]
Windsurfen	**windsurf** m	[ˈwindsərf]

Gesundheit & Notfälle

Wo ist bitte die nächste Apotheke?	**Dov'è la farmacia più vicina?**	[do'vɛ la farma'tʃi:a piu vi'tʃi:na]
Können Sie mir sagen, welche Apotheke heute Nachtdienst/ Notdienst hat?	**Mi può dire che farmacia è di turno?**	[mi 'puɔ 'di:re ke farma'tʃi:a ɛ di 'turno]
Ist diese Arznei rezeptpflichtig?	**Questa medicina deve essere prescritta dal medico?**	['kue:sta medi'tʃi:na 'de:ve 'ɛssere pres'kritta dal 'mɛ:diko]
Verlangen Sie Nachtzuschlag?	**Richiedete una maggiorazione per il servizio notturno?**	[rikie'de:te 'u:na maddʒorat'tsio:ne per il ser'vi:tsio not'turno]
Wie viel kostet dieses Medikament?	**Quanto costa questa medicina?**	['kuanto 'ko:sta 'kue:sta medi'tʃi:na]
Gibt es ein ähnliches, günstigeres Medikament?	**C'è una medicina simile, meno cara?**	[tʃɛ 'u:na medi'tʃi:na 'si:mile 'me:no 'ka:ra]
Geben Sie mir bitte etwas gegen ...	**Per favore, mi dia qualcosa contro ...**	[per fa'vo:re mi 'di:a kual'kɔ:sa 'kontro ...]

Ich brauche dieses Medikament, bitte.	**Vorrei questa medi-cina, per favore.**	[vor'rɛːi 'kueːsta mediˈtʃiːna per faˈvoːre]
Können Sie mir ein Medikament gegen/zur Behandlung von ... empfehlen?	**Mi può consigliare una medicina con-tro/per la cura di ...**	[mi 'puɔ konsiʎˈʎaːre 'uːna mediˈtʃiːna 'kontro/per la 'kuːra di ...]
Können Sie mir dieses Medikament bitte so bald wie möglich besorgen?	**Mi può procurare questa medicina il più presto possibile per favore?**	[mi 'puɔ prokuˈraːre 'kueːsta mediˈtʃiːna il piu 'prɛsto posˈsiːbile per faˈvoːre]
Welche Neben-wirkungen hat das Medikament?	**Quali effetti col-laterali ha questa medicina?**	['kuaːli efˈfɛtti kollateˈraːli a 'kueːsta mediˈtʃiːna]
Ist das Medikament zur innerlichen oder äußerlichen An-wendung?	**È una medicina per uso esterno o interno?**	[ɛ 'uːna mediˈtʃiːna per 'uːzo esˈtɛrno o inˈtɛrno]
Wie oft täglich muss ich es nehmen?	**Quante volte al giorno devo pren-derla?**	['kuante 'vɔlte al 'dʒorno 'deːvo 'prɛnderla]

Apotheke	**farmacia** *f*	[farmaˈtʃiːa]
apothekenpflichtig	**da vendersi solo in farmacia**	[da ˈvendersi ˈsoːlo in farmaˈtʃiːa]
Apotheker/in	**farmacista** *m/f*	[farmaˈtʃiːsta]
ärztliche Anweisung	**ricetta** *f* **medica**	[riˈtʃetta ˈmɛːdika]
auf nüchternen Magen	**a stomaco vuoto**	[a ˈstɔːmako ˈvuɔːto]
äußerlich	**esterno**	[eˈsterno]
dreimal täglich	**tre volte al giorno**	[tre ˈvɔlte al ˈdʒorno]
Doktor	**dottore** *m*	[dotˈtoːre]
Folgerezept	**ricetta** *f* **successiva**	[riˈtʃetta suttʃesˈsiːva]
Infekt	**infezione** *f*	[infetˈtsioːne]
innerlich	**interno**	[inˈtɛrno]
krank	**ammalato**	[ammaˈlaːto]
nach dem Essen	**dopo i pasti**	[ˈdoːpo i ˈpaːsti]
Nachtapotheke	**farmacia** *f* **di turno**	[farmaˈtʃiːa di ˈturno]
Nachtdienst	**turno** *m* **di notte**	[ˈturno di ˈnɔtte]
Nebenwirkungen	**effetti** *m pl* **collaterali**	[efˈfetti kollateˈraːli]
Rechnung	**conto** *m*	[ˈkonto]
Rezept	**ricetta** *f*	[riˈtʃetta]
Risiken	**rischi** *m pl*	[ˈriːski]
vor dem Essen	**prima dei pasti**	[ˈpriːma ˈdeːi ˈpaːsti]

Abführmittel	**purgante** *m*	[pur'gante]
Ampulle	**ampolla** *f*	[am'polla]
Antibabypille	**pillola** *f* **anticoncezionale**	['pillola anti-kont∫etsio'na:le]
Aspirin	**aspirina** *f*	[aspi'ri:na]
Augentropfen	**gocce** *f pl* **per gli occhi**	['gott∫e per ʎi 'ɔkki]
Beruhigungsmittel	**calmante** *m*	[kal'mante]
blutstillendes Mittel	**emostatico** *m*	[emo'sta:tiko]
Brandsalbe	**unguento** *m* **contro le scottature**	[uŋ'gwɛnto 'kontro le skotta'tu:re]
Desinfektionsmittel	**disinfettante** *m*	[dizinfet'tante]
Einreibemittel	**crema** *f* **da spalmare**	['krɛ:ma da spal'ma:re]
Elastikbinde	**benda** *f* **elastica**	['bɛnda e'la:stika]
fiebersenkendes Mittel	**medicina** *f* **per abbassare la febbre**	[medi't∫i:na per abbas'sa:re la 'fɛbbre]
Heftpflaster	**cerotto** *m*	[t∫e'rɔtto]
Hühneraugenpflaster	**callifugo** *m*	[kal'li:fugo]
Hustensaft	**sciroppo** *m* **per la tosse**	[∫i'rɔppo per la 'tosse]
Insektenmittel	**soluzione** *f* **contro gli insetti**	[solut'tsio:ne 'kontro ʎi in'sɛtti]
Kohletabletten	**pastiglie** *f pl* **di carbone**	[pas'ti:ʎʎe di kar'bo:ne]
Kopfschmerztablette	**pastiglia** *f* **per il mal di testa**	[pas'ti:ʎʎa per il mal di 'tɛ:sta]
Kreislaufmittel	**medicina** *f* **per la pressione**	[medi't∫i:na per la pres'sio:ne]

Lutschtablette	**pastiglia** *f* **da succhiare**	[pa'stiʎʎa da suk'kia:re]
Magentabletten	**pastiglie** *f pl* **per lo stomaco**	[pas'tiʎʎe per lo 'stɔ:mako]
Magentropfen	**gocce** *f pl* **per lo stomaco**	['gottʃe per lo 'stɔ:mako]
Nasentropfen	**gocce** *f pl* **per il naso**	['gottʃe per il 'na:so]
Ohrentropfen	**gocce** *f pl* **per le orecchie**	['gottʃe per le o'rekkie]
Pfefferminze	**menta** *f*	['menta]
Pillen	**pillole** *f pl*	['pillole]
Rizinusöl	**olio** *m* **di ricino**	['ɔ:lio di 'ri:tʃino]
Salbe	**pomata** *f*	[po'ma:ta]
Schlaftabletten	**sonnifero** *m*	[son'ni:fero]
Schmerztabletten	**antidolorifico** *m*	[antidolo'ri:fiko]
Tabletten	**pastiglie** *f pl*	[pa'stiʎʎe]
Traubenzucker	**glucosio** *m*	[glu'kɔ:zio]
Tropfen	**gocce** *f pl*	['gottʃe]
Vaseline	**vaselina** *f*	[vaze'li:na]
Wundsalbe	**unguento** *m*	[uŋ'guento]
Zäpfchen	**supposte** *f pl*	[sup'pɔ:ste]

Sucht man den Erste-Hilfe-Dienst „pronto soccorso" in Italien auf, so ist die Notfallbehandlung kostenlos. Alle Ausländer haben das Recht in den Notaufnahmen in Italien behandelt zu werden, auch wenn sie nicht krankenversichert sein sollten.

Wann hat der Arzt Sprechstunde?	**A che ora riceve il dottore?**	[a ke ˈoːra riˈtʃeve il dotˈtoːre]
Wo ist die Praxis?	**Dov'è lo studio medico?**	[doˈvɛ lo ˈstuːdio ˈmɛːdiko]
Ich hätte gerne einen Termin.	**Vorrei un appunta-mento.**	[vorˈrɛi un appuntaˈmento]
Haben Sie eine Kran-kenversichertenkarte?	**Ha una tessera della cassa mutua?**	[a uːna ˈtessera ˈdella ˈkassa ˈmuːtua]
Bei welcher Kran-kenkasse sind Sie versichert?	**Come si chiama la Sua cassa mutua?**	[ˈkoːme si ˈkiaːma la ˈsuːa ˈkassa ˈmuːtua]
Wo tut es Ihnen weh?	**Dove Le fa male?**	[ˈdoːve le fa ˈmaːle]
Öffnen Sie den Mund!	**Apra la bocca!**	[ˈaːpra la ˈbokka]
Atmen Sie tief durch!	**Respiri profonda-mente!**	[reˈspiːri profondaˈmente]
Sind Sie gegen ... geimpft?	**Lei è vaccinato contro ...?**	[ˈlɛi ɛ vattʃiˈnaːto ˈkontro ...]
Ich habe mich erkältet.	**Mi sono raffreddato/a.**	[mi ˈsoːno raffredˈdaːto/a]

Hier tut es weh.	**Mi fa male qui.**	[mi fa ˈmaːle ˈkui]
Ich habe starke Schmerzen.	**Ho dei dolori forti.**	[ɔ ˈdeːi doˈloːri ˈfɔrti]
Ich bin gestochen worden.	**Sono stato/a punto/a.**	[ˈsoːno ˈstaːto/a ˈpunto/a]
Ich bin gebissen worden.	**Sono stato/a morso/a.**	[ˈsoːno ˈstaːto/a ˈmɔrso/a]
Ich bin gestern gestürzt.	**Ieri sono caduto/a.**	[ˈiɛːri ˈsoːno kaˈduːto/a]
Ich habe mir den Magen verdorben.	**Mi sono guastato/a lo stomaco.**	[mi ˈsoːno guasˈtaːto/a lo ˈstɔːmako]
Ich bin gegen ... geimpft.	**Sono vaccinato/a contro ...**	[ˈsoːno vattʃiˈnaːto/a ˈkontro ...]
Ich bin gegen ... allergisch.	**Sono allergico/a a ...**	[ˈsoːno alˈlɛrdʒiko/a a ...]
Ich zahle privat.	**Pago privatamente.**	[ˈpaːgo privataˈmente]
Bitte benachrichtigen Sie meine Familie.	**Per favore, avvisi la mia famiglia.**	[per faˈvoːre avˈviːzi la ˈmiːa faˈmiʎʎa]

Ich kann ... nicht bewegen.	**Non riesco a muovere ...**	[non ˈriɛːsko a ˈmuɔːvere ...]
Ich nehme regelmäßig ...	**Prendo regolarmente ...**	[ˈprɛndo regolarˈmente ...]
Ich hatte einen Unfall.	**Ho avuto un incidente.**	[ɔ aˈvuːto un intʃiˈdɛnte]
Wie lautet die Diagnose?	**Che cosa ho?**	[ke ˈkɔːsa ɔ]
Wie lange muss ich hier bleiben?	**Quanto devo restare qui?**	[ˈkuanto ˈdeːvo resˈtaːre ˈkui]
Sie werden am ... um ... operiert.	**Lei sarà operato/a il ... alle ...**	[ˈlɛːi saˈra opeˈraːto/a il ... ˈalle ...]
Ich möchte in Deutschland operiert werden!	**Vorrei essere operato/a in Germania.**	[vorˈrɛːi ˈɛssere opeˈraːto/a in dʒerˈmaːnia]
Schwester, geben Sie mir bitte ein Schmerz-/Schlafmittel.	**Infermiera, mi dia qualcosa per il dolore/per dormire.**	[inferˈmiːera mi ˈdiːa kualˈkɔːsa per il doˈloːre/per dorˈmiːre]
Wie sind hier die Besuchszeiten?	**Qual è l'orario di visite?**	[kuaˈlɛ loˈraːrio di ˈviːzite]

Ader	**vena** *f*	[ˈveːna]
Aids	**aids** *m*	[aidiˈɛsse]
Arm	**braccio** *m*	[ˈbrattʃo]
Atmung	**respiro** *m*	[resˈpiːro]
Auge	**occhio** *m*	[ˈɔkkio]
Bauch	**pancia** *f*	[ˈpantʃa]
Bein	**gamba** *f*	[ˈgamba]
Beruhigungsmittel	**calmante** *m*	[kalˈmante]
Besuchszeit	**orario** *m* **di visite**	[oˈraːrio di ˈviːzite]
Blut	**sangue** *m*	[ˈsaŋgue]
Blutdruck	**pressione** *f*	[presˈsioːne]
Blutprobe	**campione** *m* **di sangue**	[kamˈpioːne di ˈsaŋgue]
Bluttransfusion	**trasfusione** *f* **di sangue**	[trasfuˈzioːne di ˈsaŋgue]
Brust	**petto** *m*	[ˈpetto]
Chefarzt	**primario** *m*	[priˈmaːrio]
Darm	**intestino** *m*	[intesˈtiːno]
entlassen	**dimettere**	[diˈmettere]
Finger	**dito** *m*	[ˈdiːto]
Fuß	**piede** *m*	[ˈpiɛːde]
Fußknöchel	**malleolo** *m*	[malˈlɛːolo]
Gelenk	**articolazione** *f*	[artikolaˈtsioːne]
Hals	**collo** *m*	[ˈkɔllo]

Auch in Italien gilt die gebührenfreie Europäische Notrufnummer 112 für Polizei, Feuerwehr und Notarzt.

Hand	**mano** *f*	[ˈmaːno]
Haut	**pelle** *f*	[ˈpɛlle]
Herz	**cuore** *m*	[ˈkuɔːre]
Hüfte	**anca** *f*	[ˈaŋka]
Intensivstation	**reparto** *m* **di terapia intensiva**	[reˈparto di teraˈpiːa intensiˈvaː]
Kinn	**mento** *m*	[ˈmento]
Knie	**ginocchio** *m*	[dʒiˈnɔkkio]
Knochen	**osso** *m*	[ˈɔsso]
Kopf	**testa** *f*	[ˈtɛːsta]
Krankenhaus	**ospedale** *m*	[ospeˈdaːle]
Krankenpfleger	**infermiere** *f*	[inferˈmiɛːre]
Krankenschwester	**infermiera** *f*	[inferˈmiɛːra]
Krankenwagen	**ambulanza** *f*	[ambuˈlantsa]
Kreislauf	**circolazione** *f*	[tʃirkolaˈtsioːne]
Körper	**corpo** *m*	[ˈkɔrpo]
Lunge	**polmone** *m*	[polˈmoːne]
Magen	**stomaco** *m*	[ˈstɔːmako]
Menstruation	**mestruazioni** *f pl*	[mestruaˈtsioːni]
Mund	**bocca** *f*	[ˈbokka]
Muskel	**muscolo** *m*	[ˈmuːskolo]
Nacken	**nuca** *f*	[ˈnuːka]
Narkose	**anestesia** *f*	[anesteˈziːa]
Narkosearzt	**anestesista** *f*	[anesteˈzista]
Nase	**naso** *m*	[ˈnaːso]
Nerv	**nervo** *m*	[ˈnervo]
Niere	**rene** *m*	[ˈrɛːne]
Notaufnahme	**pronto** *m* **soccorso**	[ˈpronto sokˈkorso]
Oberschenkel	**coscia** *f*	[ˈkɔʃʃa]

Ohr	**orecchio** m	[oˈrekkio]
Operation	**operazione** f	[operatˈtsioːne]
operieren	**operare**	[opeˈraːre]
Patient/in	**paziente** m/f	[patˈtsiente]
Rippe	**costola** f	[ˈkoːstola]
röntgen	**fare una radiografia**	[ˈfaːre ˈuːna radiograˈfiːa]
Röntgenaufnahme	**radiografia** f	[radiograˈfiːa]
Rücken	**schiena** f	[ˈskieːna]
Schädel	**cranio** m	[ˈkraːnio]
Schlaftablette	**sonnifero** m	[sonˈniːfero]
Schlüsselbein	**clavicola** f	[klaˈviːkola]
Schmerzmittel	**antidolorifico** m	[antidoloˈriːfiko]
Schulter	**spalla** f	[ˈspalla]
Sprechstunde	**orario** m **di visita**	[oˈraːrio di ˈviːzita]
Spritze	**puntura** f	[punˈtuːra]
Station	**reparto** m	[reˈparto]
Stuhlgang	**defecazione** f	[defekatˈtsioːne]
Temperatur	**temperatura** f	[temperaˈtuːra]
Termin	**appuntamento** m	[appuntaˈmento]
Therapie	**terapia** f	[teraˈpiːa]
Unterschenkel	**gamba** f	[ˈgamba]
untersuchen	**visitare**	[viziˈtaːre]
Untersuchung	**visita** f	[ˈviːzita]
Urin	**urina** f	[uˈriːna]
Verdauung	**digestione** f	[didʒesˈtioːne]
Visite	**visita** f	[ˈviːzita]
Zahn	**dente** m	[ˈdɛnte]
Zehe	**dito del piede** m	[ˈdiːto del ˈpieːde]
Zunge	**lingua** f	[ˈliŋgua]

Deutsch	Italienisch	Aussprache
Asthma	**asma** *m*	[ˈaːzma]
Diabetes	**diabete** *m*	[diaˈbɛːte]
Durchfall	**diarrea** *f*	[diarˈrɛːa]
Fieber	**febbre** *f*	[ˈfɛbbre]
Gelbsucht	**itterizia** *f*	[itteˈriːtsia]
Gelenkrheumatismus	**reumatismo** *m* **alle articolazioni**	[reumaˈtizmo ˈalle artikolatˈtsioːni]
Grippe	**influenza** *f*	[influˈɛntsa]
Halsschmerzen	**mal** *m* **di gola**	[mal di ˈgoːla]
Herzinfarkt	**infarto** *m*	[inˈfarto]
Husten	**tosse** *f*	[ˈtosse]
Kopfschmerzen	**mal** *m* **di testa**	[mal di ˈtɛsta]
Krebs	**cancro** *m*	[ˈkaŋkro]
Kreislaufstörung	**problemi** *m pl* **circolatori**	[proˈblɛːmi tʃirkolaˈtɔːri]
Lebensmittel- vergiftung	**intossicazione** *f* **alimentare**	[intossikatˈtsioːne alimenˈtaːre]
Lungenentzündung	**polmonite** *f*	[polmoˈniːte]
Magenschmerzen	**mal** *m* **di stomaco**	[mal di ˈstɔːmako]
Masern	**morbillo** *m*	[morˈbillo]
Migräne	**emicrania** *f*	[emiˈkraːnia]
Mittelohrentzündung	**otite** *f*	[oˈtiːte]
Schlaganfall	**colpo** *m* **apoplettico/ ictus**	[ˈkolpo apoˈplettiko/ˈiktus]
Schnupfen	**raffreddore** *m*	[raffredˈdoːre]
Übelkeit	**nausea** *f*	[ˈnaːuzea]
Verdauungsstörung	**problemi** *m pl* **di digestione**	[proˈblɛːmi di didʒesˈtioːne]
Vergiftung	**avvelenamento** *m*	[avvelenaˈmento]

167

Polizei

Hilfe! Polizei!	**Aiuto! Polizia!**	[aˈiuːto poliˈtsiːa]
Wo ist das nächste Polizeirevier?	**Dov'è la stazione di polizia più vicina?**	[doˈvɛ la statˈtsioːne di poliˈtsiːa piu viˈtʃiːna]
Bitte rufen Sie schnell die Polizei!	**Chiami subito la polizia, per favore!**	[ˈkiami ˈsuːbito la poliˈtsiːa per faˈvoːre]
Können Sie mir bitte helfen?	**Mi può aiutare, per favore?**	[mi ˈpuɔ aiuˈtaːre per faˈvoːre]
Ich möchte einen Diebstahl/Verlust/Unfall melden.	**Vorrei denunciare un furto/una perdita/un incidente.**	[vorˈrɛi denunˈtʃaːre un ˈfurto/una ˈpɛrdita/un intʃiˈdɛnte]
Mir ist ... gestohlen worden.	**Mi hanno rubato ...**	[mi ˈanno ruˈbaːto ...]
Ich möchte ... anzeigen.	**Vorrei denunciare ...**	[vorˈrɛi denunˈtʃaːre ...]
Ich bin überfallen worden.	**Sono stato/a rapinato/a.**	[ˈsoːno ˈstaːto/a rapiˈnaːto/a]
Ich bin betrogen worden.	**Sono stato/a truffato/a.**	[ˈsoːno ˈstaːto/a trufˈfaːto/a]

Ich habe ... verloren.	**Ho perso ...**	[ɔ ˈperːso ...]
Mein Auto ist aufgebrochen worden.	**La mia macchina è stata scassinata.**	[la ˈmiːa ˈmakkina ɛ ˈstaːta skassiˈnaːta]
Dieser Mann belästigt mich.	**Quest'uomo mi importuna.**	[ˈkueˈsˈtuɔːmo mi imporˈtuːna]
Können Sie mir bitte beim Ausfüllen dieses Formulars helfen?	**Mi può aiutare a compilare questo formulario?**	[mi ˈpuɔ aiuˈtaːre a kompiˈlaːre ˈkueˈsto formuˈlaːrio]
Ich bin unschuldig.	**Sono innocente.**	[ˈsoːno innoˈtʃɛnte]
Ich möchte mit einem Anwalt sprechen.	**Vorrei parlare con un avvocato.**	[vorˈrɛːi parˈlaːre kon un avvoˈkaːto]
Ich möchte die deutsche Botschaft anrufen.	**Vorrei chiamare l'ambasciata tedesca.**	[vorˈrɛːi kiaˈmaːre lambaʃˈʃaːta teˈdeːska]
Ich habe mich an die Verkehrsregeln gehalten.	**Ho rispettato il codice stradale.**	[ɔ rispetˈtaːto il ˈkɔːditʃe straˈdaːle]
Gibt es Zeugen?	**Ci sono testimoni?**	[tʃi ˈsoːno testiˈmɔːni]

Anzeige	**denuncia** f	[de'nuntʃa]
aufbrechen	**scassinare**	[skassi'na:re]
Auto	**macchina** f	['makkina]

> *Achten Sie darauf, Ihren Besitz in großen Städten, am Strand und touristischen Ballungsgebieten nicht offen zur Schau zu stellen. Tragen Sie Handtaschen auf der von der Straße abgewandten Seite und nehmen Sie nur so viel Geld mit, wie Sie am selben Tag brauchen.*

Brieftasche	**portafoglio** m	[porta'fɔʎʎo]
Dieb	**ladro** m	['la:dro]
Diebstahl	**furto** m	['furto]
einbrechen	**rubare**	[ru'ba:re]
Einbruch	**scasso** m	['skasso]
Fahrerflucht	**fuga** f **del conducente**	['fu:ga del kondu'tʃente]
Formular	**formulario** m	[formu'la:rio]
Gefängnis	**prigione** f	[pri'dʒo:ne]
Geldbörse	**portafoglio** m	[porta'fɔʎʎo]
Gericht	**tribunale** m	[tribu'na:le]
gestohlen	**rubato**	[ru'ba:to]
Gewalttäter	**criminale** m	[krimi'na:le]
Haft	**detenzione** f	[deten'tsio:ne]
illegal	**illegale**	[ille'ga:le]
Kfz-Schein	**libretto** m **di circolazione**	[li'bretto di tʃirkolat'tsio:ne]
Mord	**assassinio** m	[assas'si:nio]
Opfer	**vittima** f	['vittima]
Papiere	**documenti** m pl	[doku'menti]

Personalausweis	**carta** *f* **d'identità**	['karta didenti'ta]
Polizei	**polizia** *f*	[polit'tsi:a]
Polizeiwagen	**macchina** *f* **della polizia**	['makkina 'della polit'tsi:a]
Polizist/-in	**agente** *m/f* **di polizia**	[a'dʒɛnte di polit'tsi:a]
Rauschgift	**stupefacenti** *m pl*	[stupefa'tʃɛnti]
Rechtsanwalt	**avvocato** *m*	[avvo'ka:to]
Reisepass	**passaporto** *m*	[passa'pɔrto]
Schlüssel	**chiave** *f*	['kia:ve]
Schmuck	**gioielli** *m pl*	[dʒo'iɛlli]
Schuld	**colpa** *f*	['kolpa]
sexuell	**sessuale**	[sessu'a:le]
Tasche	**borsa** *f*	['borsa]
Taschendieb	**borsaiolo** *m*	[borsa'iɔ:lo]
Überfall	**aggressione** *f*	[aggres'sio:ne]
überfallen	**aggredire**	[aggre'di:re]
Uhr	**orologio** *m*	[oro'lɔ:dʒo]
Unfall	**incidente** *m*	[intʃi'dɛnte]
unschuldig	**innocente**	[inno'tʃɛnte]
Urteil	**giudizio** *m*	[dʒu'di:tsio]
Verbrechen	**delitto** *m*	[de'litto]
Verbrecher	**criminale** *m*	[krimi'na:le]
Vergewaltigung	**violenza** *f* **carnale**	[vio'lɛntsa kar'na:le]
verhaften	**arrestare**	[arres'ta:re]
Verkehrsunfall	**incidente** *m* **stradale**	[intʃi'dɛnte stra'da:le]
Verlust	**perdita** *f*	['pɛrdita]
Zeuge	**testimone** *m/f*	[testi'mɔ:ne]

171

Unfallprotokoll	**verbale** m **dell'incidente**	[verˈbaːle dellintʃiˈdɛnte]
Unfallort	**luogo** m **dell'incidente**	[ˈluɔːɡo dellintʃiˈdɛnte]
Straße	**via** f	[ˈviːa]
Nummer	**numero** m	[ˈnuːmero]
Tag	**giorno** m	[ˈdʒorno]
Unfallzeit	**orario** m **dell'incidente**	[oˈraːrio dellintʃiˈdɛnte]
Unfallbeteiligte	**persone** f pl **coinvolte**	[perˈsoːne koinˈvɔlte]
Fahrzeug	**veicolo** m	[veˈiːkolo]
Amtliches Kennzeichen	**targa** f	[ˈtarɡa]
Verletzungen	**ferite** f pl	[feˈriːte]
Name und Anschrift des Halters	**nome** m **e indirizzo** m **del proprietario**	[ˈnoːme e indiˈrittso del proprieˈtaːrio]
Versicherung	**assicurazione** f	[assikuratˈtsioːne]
Versicherungsnummer	**numero** m **dell'assicurazione**	[ˈnuːmero dellassikuratˈtsioːne]
Fahrzeugschäden	**danni** m pl **al veicolo**	[ˈdanni al veˈiːkolo]
Fahrzeuginsassen	**occupanti** m pl	[okkuˈpanti]
Zeugen	**testimoni** m pl	[testiˈmɔːni]
Ort	**luogo** m	[ˈluɔːɡo]
Kurze Schilderung des Unfallverlaufs	**breve descrizione** f **dell'accaduto**	[ˈbrɛːve deskritˈtsioːne dellakkaˈduːto]

Daten & Fakten

eins	**uno**	[ˈuːno]
zwei	**due**	[ˈduːe]
drei	**tre**	[tre]
vier	**quattro**	[ˈkuattro]
fünf	**cinque**	[ˈtʃiŋkue]
sechs	**sei**	[ˈsɛːi]
sieben	**sette**	[ˈsette]
acht	**otto**	[ˈɔtto]
neun	**nove**	[ˈnɔːve]
zehn	**dieci**	[ˈdiɛːtʃi]
elf	**undici**	[ˈunditʃi]
zwölf	**dodici**	[ˈdoditʃi]
dreizehn	**tredici**	[ˈtreːditʃi]
vierzehn	**quattordici**	[kuatˈtorditʃi]
fünfzehn	**quindici**	[ˈkuinditʃi]
sechzehn	**sedici**	[ˈseːditʃi]
siebzehn	**diciassette**	[ditʃasˈsette]
achtzehn	**diciotto**	[diˈtʃɔtto]
neunzehn	**diciannove**	[ditʃanˈnɔːve]
zwanzig	**venti**	[ˈventi]
einundzwanzig	**ventuno**	[venˈtuːno]
zweiundzwanzig	**ventidue**	[ˌventiˈduːe]
dreiundzwanzig	**ventitré**	[ˌventiˈtre]
vierundzwanzig	**ventiquattro**	[ˌventiˈkuattro]
fünfundzwanzig	**venticinque**	[ˌventiˈtʃiŋkue]
sechsundzwanzig	**ventisei**	[ˌventiˈsɛːi]
siebenundzwanzig	**ventisette**	[ˌventiˈsette]
achtundzwanzig	**ventotto**	[ˌventˈɔtto]
neunundzwanzig	**ventinove**	[ˌventiˈnɔːve]
dreißig	**trenta**	[ˈtrenta]
vierzig	**quaranta**	[kuaˈranta]

fünfzig	cinquanta	[tʃin'kuanta]
sechzig	sessanta	[ses'santa]
siebzig	settanta	[set'tanta]
achtzig	ottanta	[ot'tanta]
neunzig	novanta	[no'vanta]
einhundert	cento	['tʃento]
zweihundert	duecento	[due'tʃento]
dreihundert	trecento	[tre'tʃento]
vierhundert	quattrocento	[kuattro'tʃento]
fünfhundert	cinquecento	[tʃiŋkue'tʃento]
sechshundert	seicento	[sei'tʃento]
siebenhundert	settecento	[sette'tʃento]
achthundert	ottocento	[otto'tʃento]
neunhundert	novecento	[nove'tʃento]
eintausend	mille	['mille]
zweitausend	duemila	[due'mi:la]
einhunderttausend	centomila	[tʃento'mi:la]
eine Million	un milione	[un mi'lio:ne]
ein Halb	un mezzo	[un 'mɛddzo]
ein Viertel	un quarto	[un 'kuarto]
ein Achtel	un ottavo	[un ot'ta:vo]
Millimeter	millimetro	[mil'li:metro]
Zentimeter	centimetro	[tʃen'ti:metro]
Meter	metro	['mɛ:tro]
Kilometer	chilometro	[ki'lɔ:metro]
Milligramm	milligrammo	[milli'grammo]
Gramm	grammo	['grammo]
Kilo	chilo	['ki:lo]
Milliliter	millilitro	[mil'li:litro]
Liter	litro	['li:tro]

Wie viel Uhr ist es?	**Che ore sono?**	[ke ˈoːre ˈsoːno]
ein Uhr	**l'una**	[ˈluːna]
zwei Uhr	**le due**	[leˈduːe]
20 Minuten nach eins	**l'una e venti**	[ˈluːna e ˈventi]
halb eins	**mezzogiorno e mezzo**	[medzzoˈdʒorno e ˈmɛddzo]
20 Minuten vor eins	**l'una meno venti**	[ˈluːna ˈmeːno ˈventi]
Viertel vor/nach eins	**l'una meno/e un quarto**	[ˈluːna ˈmeːno/e un ˈkuarto]
12 Uhr mittags	**mezzogiorno**	[medzzoˈdʒorno]
Mitternacht	**mezzanotte**	[meddzaˈnɔtte]
erster	**primo**	[ˈpriːmo]
zweiter	**secondo**	[seˈkondo]
dritter	**terzo**	[ˈtertso]
vierter	**quarto**	[ˈkuarto]
fünfter	**quinto**	[ˈkuinto]
sechster	**sesto**	[ˈsɛːsto]
siebter	**settimo**	[ˈsettimo]
achter	**ottavo**	[otˈtaːvo]
neunter	**nono**	[ˈnɔːno]
zehnter	**decimo**	[ˈdɛːtʃimo]
elfter	**undicesimo**	[undiˈtʃɛːzimo]
zwölfter	**dodicesimo**	[dodiˈtʃɛːzimo]
dreizehnter	**tredicesimo**	[trediˈtʃɛːzimo]
vierzehnter	**quattordicesimo**	[kuattordiˈtʃɛːzimo]
fünfzehnter	**quindicesimo**	[kuindiˈtʃɛːzimo]
sechzehnter	**sedicesimo**	[sediˈtʃɛːzimo]

siebzehnter	**diciassettesimo**	[ditʃasset'tɛ:zimo]
achtzehnter	**diciottesimo**	[ditʃot'tɛ:zimo]
neunzehnter	**diciannovesimo**	[ditʃanno've:zimo]
zwanzigster	**ventesimo**	[ven'tɛ:zimo]
einundzwanzigster	**ventunesimo**	[ventu'nɛ:zimo]
zweiundzwanzigster	**ventiduesimo**	[ventidu'e:zimo]
dreiundzwanzigster	**ventitreesimo**	[ventitre'ɛ:zimo]
vierundzwanzigster	**ventiquattresimo**	[ventikuat'trɛ:zimo]
fünfundzwanzigster	**venticinquesimo**	[ventitʃiŋ'kuɛ:zimo]
sechsundzwanzigster	**ventiseiesimo**	[ventisei'ɛ:zimo]
siebenundzwanzigster	**ventisettesimo**	[ventiset'tɛ:zimo]
achtundzwanzigster	**ventottesimo**	[ventot'tɛ:zimo]
neunundzwanzigster	**ventinovesimo**	[ventino've:zimo]
Minute	**minuto** *m*	[mi'nu:to]
Stunde	**ora** *f*	['o:ra]
Tag	**giorno** *m*	['dʒorno]
Heute ist der 31. März 2013.	**Oggi è il trentuno marzo duemilatredici.**	['ɔddʒi ɛ il tren-'tu:no 'martso duemila'tre:ditʃi]
Gestern war der 4. Dezember 2013.	**Ieri era il quattro dicembre duemilatredici.**	['iɛ:ri 'ɛ:ra il 'kuattro di'tʃembre duemila'tre:ditʃi]
Nächste Woche, am 1. Mai.	**La prossima settimana, il primo maggio.**	[la 'prɔssima setti'ma:na il 'pri:mo 'maddʒo]
In der nächsten Woche haben wir den 22. Februar.	**La prossima settimana è il ventidue febbraio.**	[la 'prɔssima setti'ma:na ɛ il venti'du:e feb'bra:io]

Montag	**lunedì**	[lune'di]
Dienstag	**martedì**	[marte'di]
Mittwoch	**mercoledì**	[merkole'di]
Donnerstag	**giovedì**	[dʒove'di]
Freitag	**venerdì**	[vener'di]
Samstag	**sabato**	['sa:bato]
Sonntag	**domenica**	[do'me:nika]
übermorgen	**dopodomani**	[dopodo'ma:ni]
vorgestern	**l'altro ieri**	['laltro 'iɛ:ri]
täglich	**giornaliero**	[dʒorna'liɛ:ro]
wöchentlich	**settimanale**	[settima'na:le]
monatlich	**mensile**	[men'si:le]
jährlich	**annuale**	[annu'a:le]
Vormittag	**mattina** *f*	[mat'ti:na]
Nachmittag	**pomeriggio** *m*	[pome'riddʒo]
vormittags	**di mattina**	[di mat'ti:na]
nachmittags	**di pomeriggio**	[di pome'riddʒo]
am Morgen	**la mattina**	[la mat'ti:na]
am Abend	**la sera**	[la 'se:ra]
in der Nacht	**la notte**	[la 'nɔtte]
tagsüber	**durante il giorno**	[du'rante il 'dʒorno]
abends	**di sera**	[di 'se:ra]
nachts	**di notte**	[di 'nɔtte]
Frühling	**primavera** *f*	[prima'vɛːra]
Sommer	**estate** *f*	[es'ta:te]
Herbst	**autunno** *m*	[au'tunno]
Winter	**inverno** *m*	[in'vɛrno]

Januar	**gennaio**	[dʒenˈnaːio]
Februar	**febbraio**	[febˈbraːio]
März	**marzo**	[ˈmartso]
April	**aprile**	[aˈpriːle]
Mai	**maggio**	[ˈmaddʒo]
Juni	**giugno**	[ˈdʒuɲɲo]
Juli	**luglio**	[ˈluːʎʎo]
August	**agosto**	[aˈgoːsto]
September	**settembre**	[setˈtɛmbre]
Oktober	**ottobre**	[otˈtoːbre]
November	**novembre**	[noˈvɛmbre]
Dezember	**dicembre**	[diˈtʃɛmbre]
im Juli	**a luglio**	[a ˈluːʎʎo]
Anfang November	**inizio novembre**	[iˈnittsio noˈvɛmbre]
Mitte März	**metà marzo**	[meˈta ˈmartso]
Ende Januar	**fine gennaio**	[ˈfiːne dʒenˈnaːio]
Quartal	**trimestre** m	[triˈmɛːstre]
Halbjahr	**semestre** m	[seˈmɛːstre]
Jahr	**anno** m	[ˈanno]

Auch in Italien gibt es die Winter- und Sommerzeit.
Die Umstellung findet zur gleichen Zeit wie in Deutschland statt.
Die Sommerzeit heißt auf Italienisch „orario solare", die Winterzeit
„orario legale".

Wie wird das Wetter?	**Che tempo farà?**	[ke ˈtɛmpo faˈra]
Heute ist es sehr heiß!	**Oggi fa molto caldo!**	[ˈɔddʒi fa ˈmolto ˈkaldo]
Es soll bald regnen!	**Dovrebbe piovere presto!**	[doˈvrɛbbe ˈpiɔːvere ˈprɛːsto]
Es wird Sturm erwartet!	**Si aspetta una tempesta!**	[si asˈpetta ˈuːna temˈpɛːsta]
bewölkt	**nuvoloso**	[nuvoˈloːzo]
Gewitter	**temporale** *m*	[tempoˈraːle]
Grad	**grado** *m*	[ˈgraːdo]
heiß	**caldo**	[ˈkaldo]
Himmel	**cielo** *m*	[ˈtʃɛːlo]
Hitze	**calura** *f*	[kaˈluːra]
kalt	**freddo**	[ˈfreddo]
Kälte	**freddo** *m*	[ˈfreddo]
neblig	**nebbioso**	[nebˈbioːso]
Regen	**pioggia** *f*	[ˈpiɔddʒa]
regnerisch	**piovoso**	[pioˈvoːso]
Schatten	**ombra** *f*	[ˈombra]
Schnee	**neve** *f*	[ˈneːve]
Sonne	**sole** *m*	[ˈsoːle]
stürmisch	**tempestoso**	[tempeˈstoːso]
Unwetter	**maltempo** *m*	[malˈtɛmpo]
warm	**caldo**	[ˈkaldo]
wechselhaft	**variabile**	[variˈaːbile]
Wind	**vento** *m*	[ˈvɛnto]

Wörterbuch

A

Aal anguilla f
abbiegen svoltare
Abbildung illustrazione f
Abblendlicht anabbagliante m
abbrechen interrompere
Abend sera f
Abendessen cena f
Abendmahl comunione f
aber ma
abfahren partire
Abfahrt partenza f
Abfall rifiuto m
Abflug decollo m
Abfluss deflusso m
Abführmittel purgante m
Abgabe consegna f
abgeben consegnare
abhalten tenere lontano
abholen andare a prendere
Ablauf scadenza f
ablaufen scorrere
ablegen posare
ablehnen rifiutare
abmelden ritirare
Abmeldung disdetta f
abnehmen dimagrire
abrechnen detrarre
Abrechnung detrazione f
Abreise partenza f
abreißen staccare
Absage rifiuto m

absagen disdire
Absatz tacco m
abschaffen eliminare
Abschaffung eliminazione f
abschalten spegnere
abschicken inviare
abschieben allontanare
Abschied congedo m
Abschleppdienst autosoccorso m
abschleppen rimorchiare
Abschleppwagen carro m attrezzi
abschließen chiudere a chiave
abschneiden tagliare
Abschnitt taglio m
Absender mittente m
absetzen mettere giù
absichern assicurare
Absicherung sicurezza f
Absicht intenzione f
Absprache accordo m
Abstand distanza f
absteigen scendere
abstellen deporre
Abstieg discesa f
abstimmen accordare
Absturz caduta f
Abteilung dipartimento m
Abteilungsleiter caporeparto m
abwarten aspettare

Abweichung deviazione f
abweisen respingere
Abwesenheit assenza f
abwickeln svolgere
Abwicklung svolgimento m
abziehen togliere
Achtung attenzione f
Adapter adattatore m
addieren addizionare
Ader vena f
Adresse indirizzo m
Agentur agenzia f
ahnen prevedere
Ahnung idea f
Akademie accademia f
Akt atto m
Aktion azione f
Akzent accento m
akzeptieren accettare
Alarm allarme m
Alkohol alcol m
Allergie allergia f
alt vecchio
Alltag vita f quotidiana
Alptraum incubo m
Alter età f
Alternative alternativa f
Altstadt città antica f
Ambiente atmosfera f
Amerikaner americano m
Ampel semaforo m
Amt ufficio m

amüsieren divertirsi
Analyse analisi f
analysieren analizzare
Ananas ananas m
Anbau coltivazione f
anbieten offrire
Anblick vista f
Andenken ricordo m
ändern cambiare
Anerkennung
  riconoscimento m
Anfall attacco m
Anfang inizio m
Anfänger principiante m
Anflug arrivo m
anfordern richiedere
Anforderung richiesta f
Anfrage domanda f
Angabe indicazione f
angeben indicare
Angebot offerta f
angehen cominciare
Angelegenheit affare m
angeln pescare
Angelsport pesca f
angreifen attaccare
Angreifer aggressore m
Angst paura f
anhalten fermarsi
anheben alzare
ankommen arrivare
Ankunft arrivo m

Anlage impianto *m*
Anlasser dispositivo *m* d'avviamento
anlaufen avviarsi
anlegen appoggiare
Anlegeplatz approdo *m*
Anliegen richiesta *f*
anmelden annunciare
Anmeldung iscrizione *f*
annähen cucire
annehmen accettare
annullieren annullare
Anorak giacca *f* a vento
anpassen adattare
anprobieren provare
anregen stimolare
anrichten preparare
Anruf chiamata *f*
anrufen telefonare
Ansage annuncio *m*
Ansatz inizio *m*
anschauen guardare
anschließen collegare
Anschluss collegamento *m*
anschnallen allacciare la cintura (di sicurezza)
ansehen visitare
Ansicht vista *f*
Ansichtskarte cartolina *f*
ansiedeln insediare
ansprechen rivolgere la parola
Anstieg salita *f*

anstreben aspirare a
Anteil parte *f*
Antibiotikum antibiotico *m*
Anteilnahme partecipazione *f*
Antike antichità *f*
Antiquitäten antiquariato *m*
Antwort risposta *f*
antworten rispondere
Anwalt avvocato *m*
anwenden rivolgere
Anwohner abitante *m/f*
Anzahl numero *m*
Anzahlung acconto *m*
Anzeichen segno *m*
Anzeige annuncio *m*
Anzug abito *m*
Apartment appartamento *m*
Apfel mela *f*
Apfelsine arancia *f*
Apotheke farmacia *f*
Appetit appetito *m*
Aprikose albicocca *f*
arbeiten lavorare
Arbeitsmarkt mercato *m* del lavoro
Arbeitszeit orario *m* di lavoro
Architekt architetto *m*
Architektur architettura *f*
Arena arena *f*
Argument argomento *m*
Arm braccio *m*
Armbanduhr orologio *m*

Armee esercito *m*
Ärmel manica *f*
Armut miseria *f*
Art modo *m*
Artischocke carciofo *m*
Arzneimittel medicina *f*
Arzt medico *m*
Aschenbecher portacenere *m*
Aspirin aspirina *f*
Asyl asilo *m* politico
Atem respiro *m*
Atlantik Atlantico *m*
atmen respirare
Attest certificato *m*
Aufbau costruzione *f*
aufbewahren custodire
Aufenthalt soggiorno *m*
auffahren urtare
Auffahrunfall tampona-
    mento *m*
aufführen rappresentare
Aufführung rappresen-
    tazione *f*
Aufgabe compito *m*
aufgeben spedire
aufhalten fermare
aufhören smettere
aufklaren schiarire
auflösen sciogliere
Aufnahme accoglienza *f*
Aufregung agitazione *f*
Aufruf chiamata *f*

aufrufen fare l'appello
aufschreiben mettere per
    iscritto
Aufsicht sorveglianza *f*
auftauchen affiorare
Auftritt entrata in scena *f*
Aufwand spesa *f*
Aufzug ascensore *m*
Auge occhio *m*
Augenarzt oculista *m/f*
Augenblick momento *m*
August agosto *m*
ausbauen ampliare
Ausbildung formazione *f*
Auseinandersetzung
    discussione *f*
Ausfahrt uscita *f*
Ausflug escursione *f*
Ausfuhrzoll dazio *m*
    d'esportazione
ausfüllen compilare
Ausgang uscita *f*
ausgehen uscire
Auskunft informazione *f*
Ausland estero *m*
ausleihen prendere in prestito
Auspuff tubo *m* di scappamento
Ausreise espatrio *m*
ausschalten disinserire
aussetzen esporre
aussprechen pronunciare
aussteigen scendere

Ausstellung esposizione *f*
Austern ostriche *f pl*
austrinken finire di bere
Ausweis documento *m*
auszahlen pagare/liquidare
Auto macchina *f*
Autobahn autostrada *f*
Automobilklub club *m* d'automobile
Autoreisezug treno *m* con trasporto auto
Autoschlüssel chiavi *f pl* della macchina

B

Baby neonato *m*
Bach ruscello *m*
Backbord babordo *m*
Bäcker panettiere *m*
Bäckerei panetteria *f*
Bad bagno *m*
Badeanzug costume *m* da bagno
Badehose costume *m* da bagno
Bademantel accappatoio *m*
Bademeister bagnino *m*
baden fare il bagno
Badeschuhe ciabatte *f pl*
Badezimmer bagno *m*
Bahn ferrovia *f*
Bahnhof stazione *f*
Bahnsteig binario *m*

Bakterien batteri *m pl*
Balkon balcone *m*
Ball palla *f*
Banane banana *f*
Band nastro *m*
Bank banca *f*
Bankkonto conto *m* in banca
Bargeld denaro *m* contante
Bart barba *f*
Batterie pila *f*
Bau costruzione *f*
Bauarbeiten lavori *m pl* edili
Bauch pancia *f*
bauen costruire
Bauer contadino *m*
Baum albero *m*
Baumwolle cotone *m*
Baustelle cantiere *m*
beachten osservare
Beamter funzionario *m*
Beanstandung critica *f*
beantragen fare domanda
beantworten rispondere
Bedarf necessità *f*
Bedauern commiserazione *f*
bedauern compatire
bedienen servire
Bedienung servizio *m*
Bedrohung minaccia *f*
beeindruckt impressionato
befassen occuparsi
Befehl ordine *m*

befinden trovarsi
begegnen incontrare
beginnen incominciare
begleiten accompagnare
Begleiter accompagnatore *m*
Begleitung accompagnamento *m*
behalten tenere
behandeln trattare
Behandlung trattamento *m*
behaupten sostenere
beherrschen dominare
behindert, körperlich minorato fisicamente
beibehalten conservare
Bein gamba *f*
Beispiel esempio *m*
beißen mordere
Beitrag contributo *m*
beitragen contribuire
Bekannte/r conoscente *m/f*
Bekanntgabe comunicazione *f*
beklagen lamentare
bekommen ricevere
Belastung carico *m*
Beleg ricevuta *f*
belegen documentare
Bemerkung osservazione *f*
benachrichtigen informare
benehmen comportarsi
benutzen usare

Benutzungsgebühr tassa d'uso *f*
Benzin benzina *f*
Benzinkanister tanica *f* di benzina
beobachten osservare
beraten consigliare
Berechnung calcolo *m*
Berg montagna *f*
bergsteigen fare alpinismo
Bericht rapporto *m*
berichten riferire
Beruf lavoro *m*
Beruhigungsmittel calmante *m*
berühren toccare
Bescheid informazione *f*
beschleunigen accelerare
beschließen concludere
Beschreibung descrizione *f*
besichtigen visitare
Besichtigung visita *f*
Besitzer proprietario *m*
Besteck posate *f pl*
bestehen esistere
bestellen ordinare
Bestellung ordine *m*
bestimmen decidere
bestreiten contestare
Besuch visita *f*
besuchen visitare/andare a trovare
Besucher visitatore *m*

Besuchszeit orario *m* di visita
Betäubung anestesia *f*
betonen sottolineare
Betrag importo *m*
betragen ammontare a
Betrug truffa *m*
betrunken ubriaco
Bett letto *m*
Bettdecke coperta *f*
Bettwäsche lenzuola *f pl*
beurteilen giudicare
bewachen sorvegliare
bewahren conservare
bewegen muovere
Beweis prova *f*
beweisen provare
Bewohner abitante *m/f*
bezahlen pagare
Bezahlung pagamento *m*
beziehen ricoprire
Beziehung relazione *f*
Bezirk distretto *m*
BH reggiseno *m*
Bibel bibbia *f*
Bibliothek biblioteca *f*
Bier birra *f*
bieten offrire
Bild immagine *f*
Bildung formazione *f*
billig a buon mercato
Binde benda *f*
Bindfaden filo *m*

Birne pera *f*
bitten pregare
Blatt foglio *m*
blau blu
bleiben restare
Bleistift matita *f*
Blende schermo *m*
Blick vista *f*
blicken guardare
Blinddarm appendice *f*
Blinker freccia *f*
Blitz lampo *m*
blitzen lampeggiare
Blume fiore *m*
Blumenkohl cavolfiore *m*
Blumenstrauß mazzo *m* di fiori
Bluse camicetta *f*
Blut sangue *m*
Blutdruck pressione *f* sanguigna
Bohne fagiolo *m*
Bonbons caramelle *f pl*
Boot barca *f*
Bootsfahrt gita *f* in barca
Botschaft ambasciata *f*
Botschafter ambasciatore *m*
Brand incendio *m*
braten arrostire
brauchen avere bisogno
Bremse freno *m*
bremsen frenare
brennen bruciare
Brief lettera *f*

Briefkasten buca *f* delle lettere
Briefmarke francobollo *m*
Briefträger postino *m*
Briefumschlag busta *f*
Brille occhiali *m pl*
Brillenetui portaocchiali *m*
bringen portare
Brombeeren more *f pl*
Bronchitis bronchite *f*
Brot pane *m*
Brötchen panino *m*
Bruder fratello *m*
Brunnen fontana *f*
Brust petto *m*
Brustkorb cassa *f* toracica
Buch libro *m*
buchen prenotare
Büchsenöffner apriscatole *m*
Buchstabe lettera *f*
buchstabieren sillabare
Buchung prenotazione *f*
bügeln stirare
Bühne palcoscenico *m*
Bundesrepublik Deutschland Repubblica *f* Federale Tedesca
Bungalow bungalow *m*
Burg castello *m*
Bürgersteig marciapiede *m*
Büro ufficio *m*
Bürste spazzola *f*

Bus autobus *m*
Bushaltestelle fermata *f*
Butter burro *m*

C

Café caffè/bar *m*
Camping campeggio *m*
Campingausweis tessera *f* del campeggio
Campingplatz campeggio *m*
Campingwagen roulotte *f*
Chance possibilità *f*
Chaos caos *m*
Charakter carattere *m*
Charme fascino *m*
Chartermaschine volo *m* charter
chartern noleggiare
Chef capo *m*
Chefarzt primario *m*
Chemie chimica *f*
Chicoree cicoria *f*
Chirurg chirurgo *m*
Chor coro *m*
Christ cristiano *m*
Christentum cristianesimo *m*
Christus Cristo
Club club *m*
Computer computer *m*
Cousin cugino *m*
Cousine cugina *f*

D

Dach tetto *m*
Dame signora *f*
Damenbinde assorbente *m*
Damentoilette bagno *m* per le signore
Dampfer piroscafo *m*
danken ringraziare
Darm intestino *m*
darstellen rappresentare
Darstellung rappresentazione *f*
Datei file *m*
Datteln datteri *m pl*
Datum data *f*
Dauer durata *f*
dauern durare
Daumen pollice *m*
dazugehören appartenere
Decke coperta *f*
Delegation delegazione *f*
Demokratie democrazia *f*
Denkmal monumento *m*
Deodorant deodorante *m*
Desinfektionsmittel disinfettante *m*
Deutschland Germania *f*
Dezember dicembre *m*
Dia diapositiva *f*
Diabetiker diabetico *m*
Diagnose diagnosi *f*
Diät dieta *f*
Diätkost prodotto *m* dietetico

Diesel diesel *m*
Differenz differenza *f*
Dill aneto *m*
Ding cosa *f*
direkt diretto
Diskothek discoteca *f*
diskutieren discutere
Doktor dottore *m*
Dolmetscher interprete *m/f*
Donner tuono *m*
Donnerstag giovedì *m*
Doppelzimmer camera *f* doppia
Dorf paese *m*
Dose lattina *f*
Draht filo *m* di ferro
Drama dramma *m*
Dreck sporcizia *f*
drehen girare
Dritte Welt terzo mondo *m*
Drogerie drogheria *f*
drohen minacciare
Drohung minaccia *f*
drücken spingere
Drüse ghiandola *f*
Duell duello *m*
Durchfahrt passaggio *m*
Durchfall diarrea *f*
Durchgang passaggio *m* pedonale
dürfen potere
Durst sete *f*

Dusche doccia f
Dutzend dozzina f

E
Ecke angolo m
Ehe matrimonio m
Ehefrau moglie f
Ehemann marito m
Ehepaar sposi m pl
Ehering fede f
Ei uovo m
Eigenschaft qualità f
Eilbrief lettera f espresso
Eimer secchio m
Einbahnstraße strada f a senso unico
Einbrecher scassinatore m
Einfahrt entrata f
Eingang entrata f
Einheit unità f
Einigkeit unità f
einkaufen comprare
Einkaufszentrum centro m commerciale
einladen invitare
Einladung invito f
Einnahme guadagno m
einpacken impacchettare
Einreise entrata f (in un paese)
Einreisevisum visto m
Einrichtung arredamento m
Einsamkeit solitudine f

einschalten accendere
einschlafen addormentarsi
einsparen risparmiare
einsteigen salire
Eintrag iscrizione f
eintreten entrare
Eintritt ingresso m
einzahlen pagare
Einzelhandel commercio m al dettaglio
Einzelzimmer camera f singola
Eis gelato m
Eisbecher coppa f di gelato
Eisdiele gelateria f
Eisenbahn ferrovia f
Elektriker elettricista m
Elektronik elettronica f
Ellbogen gomito m
Eltern genitori m pl
Emotion emozione f
Empfang accoglienza f
Empfänger destinatario m
empfehlen raccomandare
Ende fine f
enden finire
Endstation capolinea m
Energie energia f
Enkel nipote m
Enkelin nipote f
Entdeckung scoperta f
Ente anatra f
entfernen eliminare

Entfernung distanza *f*
entlassen licenziare
entnehmen prendere
entscheiden decidere
Entscheidung decisione *f*
entschuldigen scusare
Entschuldigung scusa *f*
Entspannung rilassamento *m*
entsprechen corrispondere
entstehen nascere
entziehen ritirare
Entzündung infiammazione *f*
erarbeiten elaborare
Erdbeben terremoto *m*
Erdbeere fragola *f*
Erde terra *f*
Erdgeschoss pianoterra *m*
Erdnuss arachide *f*
erfahren apprendere
Erfahrung esperienza *f*
Erfindung invenzione *f*
Erfolg successo *m*
ergeben produrre
Ergebnis risultato *m*
ergreifen prendere
ergriffen commosso
erhalten ricevere
erinnern ricordare
erkennen riconoscere
Erkrankung malattia *f*
erleben provare
Ermäßigung sconto *m*

erreichen raggiungere
Ersatzteil pezzo *m* di ricambio
erscheinen apparire
erstellen eseguire
Erwachsener adulto *m*
erwähnen menzionare
erwarten aspettare
Erwartung aspettativa *f*
erweisen dimostrare
erweitern allargare
erwerben acquistare
erzeugen produrre
erzielen raggiungere
Essen cibo *m*
essen mangiare
Essig aceto *m*
Etage piano *m*
Euro euro *m*
Europa Europa *f*
Existenz esistenza *f*
Experiment esperimento *m*
Experte esperto *m*
Explosion esplosione *f*

F

Fabrik fabbrica *f*
Fach materia *f*
Facharzt specialista *m*
Fachleute specialisti *m pl*
Fahrbahn carreggiata *f*
Fähre traghetto *m*
fahren andare

Fahrer conducente *m*
Fahrkarte biglietto *m*
Fahrplan orario *m*
Fahrrad bicicletta *f*
Fahrstuhl ascensore *m*
Fahrt viaggio *m*
Fahrtroute strada *f*
Fahrzeug veicolo *m*
Fall caso *m*
Falle trappola *f*
fallen cadere
Familie famiglia *f*
Familienname cognome *m*
Familienstand stato *m* civile
fangen prendere
Farbe colore *m*
Fassung controllo *m*
Februar febbraio *m*
fehlen mancare
Fehler errore *m*
Feier festa *f*
feiern festeggiare
Feiertag giorno *m* festivo
Feige fico *m*
Feile lima *f*
Feld campo *m*
Fels roccia *f*
Fenster finestra *f*
Ferien ferie *f pl*
Ferne lontananza *f*
Fernseher televisione *f*
Ferse tallone *m*

Fest festa *f*
Festival festival *m*
feststellen accertare
Fett grasso *m*
Feuer fuoco *m*
Feuerlöscher estintore *m*
Feuerwehr vigili *m pl* del fuoco
Feuerzeug accendino *m*
Fieber febbre *f*
Figur figura *f*
Film film *m*
Finanzen finanze *f pl*
finden trovare
Finger dito *m*
Firma ditta *f*
Fisch pesce *m*
Flagge bandiera *f*
Flasche bottiglia *f*
Flaschenöffner apribottiglie *m*
Fleck macchia *f*
Fleisch carne *f*
flicken rattoppare
Fliege mosca *f*
fliegen volare
Flug volo *m*
Flugbegleiter/in assistente *m/f* di volo
Fluggesellschaft compagnia *f* aerea
Flughafen aeroporto *m*
Flugplan orario aereo *f*
Flugzeug aeroplano *m*

Fluss fiume *m*
Flut alta marea *f*
Folge conseguenza *f*
folgen seguire
Föhn asciugacapelli *m*
fordern richiedere
Form forma *f*
Forschung ricerca *f*
Fortsetzung proseguimento *m*
Foto foto(grafia) *f*
Fotoapparat macchina *f* foto-
    grafica
fotografieren fotografare
Frage domanda *f*
fragen chiedere
frankieren affrancare
Frau donna *f*
Frauenarzt ginecologo *m*
Freibad piscina *f* all'aperto
freihalten tenere libero
Freiheit libertà *f*
freimachen affrancare
Freizeit tempo *m* libero
Fremder estraneo *m*
Fremdenführer guida *f* turistica
freuen far piacere
Freund amico *m*
Freundin amica *f*
Freundschaft amicizia *f*
Frieden pace *f*
Friedhof cimitero *m*
frieren avere freddo

Friseur parrucchiere *m*
Frisur acconciatura *f*
Frost gelo *m*
Fruchtsaft succo *m* di frutta
früh presto
Frühling primavera *f*
Frühstück colazione *f*
frühstücken fare colazione
fühlen sentire
führen condurre
Führerschein patente *f*
Fundbüro ufficio *m* oggetti
    smarriti
Funk radio *f*
Fuß piede *m*
Fußball calcio *m*
Fußgänger pedone *m*
Fußgängerübergang passag-
    gio *m* pedonale
Fußknöchel malleolo *m*

G

Gabel forchetta *f*
Gang passaggio *m*
Gans oca *f*
Garage garage *m*
Garantie garanzia *f*
garantieren garantire
Garderobe guardaroba *m*
Garnele gamberetto *m*
Garten giardino *m*
Gas gas *m*

Gast ospite *m/f*
Gebäck biscotti *m pl*
Gebäude edificio *m*
geben dare
Gebiet territorio *m*
Gebirge montagne *f pl*
Gebot comando *m*
Gebrauch uso *m*
Gebühr tassa *f*
Geburt nascita *f*
Geburtsort luogo *m* di nascita
Geburtstag data *f* di nascita
Gedanke pensiero *m*
Gedicht poesia *f*
Geduld pazienza *f*
Gefahr pericolo *m*
Geflügel pollame *m*
Gegend zona *f*
Gegensatz contrasto *m*
Gegenteil contrario *m*
Gegenwart presente *m*
Gegner avversario *m*
Gehalt stipendio *m*
Geheimnis segreto *m*
gehen andare
Gehirnerschütterung commozione *f* cerebrale
gehören appartenere
Geist spirito *m*
gelb giallo
Geld soldi *m pl*
Geldschein banconota *f*

Geldwechsel cambio *m*
Gelegenheit possibilità *f*
Gelenk articolazione *f*
Geliebte/r amante *m/f*
gelten essere valido
Gemeinde comunità *f*
Gemüse verdura *f*
Genehmigung permesso *m*
genießen godere
genügen bastare
Gepäck bagagli *m pl*
Gepäckaufbewahrung deposito *m* bagagli
gesalzen salato
Geschäft negozio *m*
Geschäftsreise viaggio *m* d'affari
geschehen accadere
Geschenk regalo *m*
Geschichte storia *f*
Geschlecht sesso *m*
geschlossen chiuso
Geschwindigkeit velocità *f*
Gesetz legge *f*
Gesicht viso *m*
Gespräch dialogo *m*
Gestalt forma *f*
gestalten formare
Geste gesto *m*
Gesundheit salute *f*
gestern ieri
Getränk bibita *f*

Getreide cereali *m pl*
Gewalt violenza *f*
Gewicht peso *m*
Gewinn vincita *f*
Gewissen coscienza *f*
Gewitter temporale *m*
Gewürz spezie *f pl*
gießen dare da bere
Gift veleno *m*
Glas bicchiere *m*
glauben credere
Gleis binario *m*
Globus mappamondo *m*
Glück fortuna *f*
Glückwünsche auguri *m pl*
Glühbirne lampadina *f*
Golf golf *m*
Gott Dio *m*
Gottesdienst messa *f*
Gramm grammo *m*
Grapefruit pompelmo *m*
gratulieren congratularsi
Grenze confine *m*
Griff maniglia *f*
groß grande
Größe grandezza/taglia *f*
Großmutter nonna *f*
Großvater nonno *m*
grün verde
Grund causa *f*
Gruppe gruppo *m*
Gruß saluto *m*

grüßen salutare
Gurke cetriolo *m*
Gürtel cintura *f*
gut buono
Gymnasium liceo *m*

H

Haarbürste spazzola *f* per i capelli
Haare capelli *m pl*
Haarfarbe tinta *f* per i capelli
Haarklammer fermaglio *m* per i capelli
Haarshampoo shampoo *m*
Haarspray lacca *f*
Haartrockner asciugacapelli *m*
haben avere
Hafen porto *m*
Hafenstadt città portuale *f*
Hagel grandine *f*
Hahn gallo *m*
Halbpension mezza pensione *f*
Hälfte metà *f*
Hallenbad piscina coperta *f*
halten fermare
Haltestelle fermata *f*
Halteverbot divieto *m* di sosta
Hammer martello *m*
Hand mano *f*
Handbremse freno *m* a mano
Handel commercio *m*

handeln commerciare
Handgepäck bagaglio *m* a mano
Handlung azione *f*
Handschuh guanto *m*
Handtasche borsa *f*
Handtuch asciugamano *m*
Handy cellulare *m*
Hang pendio *m*
Hängematte amaca *f*
Haselnuss nocciola *f*
Hauch soffio *m*
Haufen mucchio *m*
Hauptbahnhof stazione *f* centrale
Hauptsache cosa *f* principale
Hauptstadt capitale *f*
Hauptstraße strada *f* principale
Haus casa *f*
Hausfrau casalinga *f*
Haushalt gestione *f* della casa
Hausnummer numero *m* civico
Hausschlüssel chiave *f* di casa
Haustür porta *f* di casa
Hebamme ostetrica *f*
Heilquelle sorgente *f* d'acqua minerale
Heim casa *f*
Heimat patria *f*
Heimatstadt città *f* natale
heiraten sposare, sposarsi
heißen chiamare

Heizung riscaldamento *m*
Held eroe *m/f*
helfen aiutare
Helfer/in aiutante *m/f*
Herausforderung sfida *f*
Herbergsausweis tessera *f* dell'ostello
Herbst autunno *m*
Herd fornello *m*
Herr uomo *m*
Herrentoilette bagno *m* degli uomini
Herrschaft potere *m*
Herrscher sovrano *m*
Herstellung produzione *f*
Herz cuore *m*
heute oggi
Hilfe aiuto *m*
Himbeere lampone *m*
Himmel cielo *m*
Hintergrund sfondo *m*
hinterlassen lasciare
hinterlegen depositare
Hinweis indicazione *f*
Historiker storico *m*
Hitze caldo *m*
Hochzeit matrimonio *m*
Hof cortile *m*
hoffen sperare
hoffentlich speriamo che
Höhe altezza *f*
Höhle grotta *f*

holen andare a prendere
Holz legno *m*
Honig miele *m*
hören ascoltare
Hose pantaloni *m pl*
Hotel albergo *m*
Hotelhalle hall *f*
Hubschrauber elicottero *m*
Hummer gambero *m*
Humor umore *m*
Hund cane *m*
Hunger fame *f*
Hupe clacson *m*
Hut cappello *m*

I

Idee idea *f*
identifizieren identificare
Illusion illusione *f*
Illustrierte rivista *f*
Immobilien beni immobili *m pl*
impfen vaccinare
Impfpass certificato *m* di vaccinazione
Impfung vaccino *m*
Import importazione *f*
Inflation inflazione *f*
Information informazione *f*
Informationsschalter ufficio *m* informazioni
informieren informare
Inhaber detentore *m*

Inhalt contenuto *m*
Injektion iniezione *f*
Inland territorio *m* nazionale
Innenkabine cabina *f* interna
Innenstadt centro *m*
Insekten insetti *m pl*
Insektenmittel insetticida *m*
Insel isola *f*
Institut istituto *m*
Intelligenz intelligenza *f*
Interesse interesse *m*
interessieren interessarsi
Internist internista *m*
Interview intervista *f*
Irrtum errore *m*
Isolierung isolamento *m*

J

Jacht yacht *m*
Jacke giacca *f*
Jackett giacca *f*
Jagd caccia *f*
Jagdschein licenza *f* di caccia
Jahr anno *m*
Jahresbeginn inizio *m* d'anno
Jahresende fine *f* dell'anno
Jahrestag anniversario *m*
Jahreszeit stagione *f*
Jahrgang annata *f*
Jahrhundert secolo *m*
Jahrtausend millennio *m*
Jahrzehnt decennio *m*

Januar gennaio *m*
Jod iodio *m*
Johannisbeeren ribes *m*
Journalist giornalista *m*
Jugendherberge ostello *m* della gioventù
Juli luglio *m*
jung giovane
Junge giovane *m*
Juni giugno *m*
Juwelier gioielliere *m*

K

Kabine cabina *f*
Kaffee caffè *m*
Kaffeekanne caffettiera *f*
Kakao cacao *m*
Kalbfleisch carne *f* di vitello
Kalender calendario *m*
kalt freddo
Kamin camino *m*
Kampf lotta *f*
Kanal canale *m*
Kanne bricco *m*
Kappelle cappella *f*
Karotte carota *f*
Karriere carriera *f*
Karte carta *f*
Kartoffel patata *f*
Karton cartone *m*
Käse formaggio *m*
Kasse cassa *f*

Katalog catalogo *m*
kaufen comprare
Keks biscotto *m*
Keller cantina *f*
Kellner/in cameriere/a *m/f*
kennen conoscere
Kenntnisse conoscenze *f pl*
Kerze candela *f*
Kette catena *f*
Keuchhusten pertosse *f*
Kilo chilo *m*
Kilometer chilometro *m*
Kind bambino *m*
Kinderarzt pediatra *m/f*
Kinderbett lettino *m*
Kindergärtnerin maestra *f* d'asilo
Kinn mento *m*
Kino cinema *m*
Kirche chiesa *f*
Kirsche ciliegia *f*
Klasse classe *f*
Kleid abito *m*
Kleiderbügel gruccia *f*
klein piccolo
Kleingeld spiccioli *m pl*
Klima clima *m*
Klimaanlage aria *f* condizionata
Klinik clinica *f*
klopfen bussare
Kneipe locale *m*
Knie ginocchio *m*

Knoblauch aglio *m*
Knochen osso *m*
Knopf bottone *m*
Knoten nodo *m*
Koch cuoco *m*
kochen cucinare
Koffer valigia *f*
Kofferraum portabagagli *m*
Kokosnuss noce *f* di cocco
kommen venire
Kompass bussola *f*
Kondom preservativo *m*
können potere
Kontaktlinsen lenti *f pl* a contatto
Konzert concerto *m*
Kopf testa *f*
Kopfkissen cuscino *m*
Kopfsalat lattuga *f*
Kopfschmerzen mal *m* di testa
Korkenzieher cavatappi *m*
Körper corpo *m*
Kosten spese *f pl*
Krach chiasso *m*
Kraft forza *f*
Krankenhaus ospedale *m*
Krankenschwester infermiera *f*
Krankenwagen ambulanza *f*
Krankheit malattia *f*
Kräuter erbe *f pl*
Krawatte cravatta *f*
Kreditkarte carta *f* di credito

Kreislauf circolazione *f*
Kreisverkehr rotonda *f*
Kreuzfahrt crociera *f*
Kreuzung incrocio *m*
Küche cucina *f*
Kuchen torta *f*
Kugelschreiber penna *f* a sfera
Kühlschrank frigorifero *m*
Kur terapia *f*
Kurs corso *m*
Kuss bacio *m*
küssen baciare
Küste costa *f*

L

Lächeln sorriso *m*
lachen ridere
laden caricare
Laden negozio *m*
Lamm agnello *m*
Land paese *m*
Landkarte cartina *f* geografica
Landschaft paesaggio *m*
lassen lasciare
laufen camminare
laut rumoroso
Leben vita *f*
leben vivere
Lebensmittel generi *m pl* alimentari
Lebensmittelgeschäft negozio *m* di (generi) alimentari

Leder pelle f
legen posare
Leid dolore m
leihen prestare
Leihgebühr tariffa f di prestito
Leine lino m
leise piano
Leute gente f
Licht luce f
Lichtschalter interruttore m
Liebe amore m
Lied canzone f
liegen essere disteso
Liegestuhl (sedia a) sdraio f
lila lilla
Lippe labbro m
Liter litro m
Locken ricci m pl
Löffel cucchiaio m
Lokomotive locomotiva f
Luft aria f
Luftkrankheit mal m d'aria
Luftmatratze materassino m
Luftpost posta f aerea
lügen mentire
Lunge polmone m
Lust voglia f

M

machen fare
Mädchen ragazza f
Magen stomaco m

Mai maggio m
Mais mais m
Maler pittore m
Mandelentzündung tonsillite f
Mann uomo m
Mantel cappotto m
Margarine margarina f
Markt mercato m
Marmelade marmellata f
März marzo m
Material materiale m
Maus topo m
Medikament medicina f
Meer mare m
Meerblick vista f sul mare
Meile miglio m
meinen pensare
Meinung opinione m
Melone melone m
Mensch uomo m
Menstruation mestruazioni f pl
merken notare
Messer coltello m
Meter metro m
Metzger macellaio m
Miete affitto m
mieten affittare
Milch latte m
Minute minuto m
mischen mischiare
missverstehen fraintendere
mit con

Mitglied socio *m*
mitmachen seguire
Mittagessen pranzo *m*
Mitte metà *f*
Mittwoch mercoledì *m*
Möbel mobili *m pl*
mögen piacere
Möglichkeit possibilità *f*
Moment momento *m*
Monat mese *m*
Mond luna *f*
morgen domani
Morgen mattino *m*
Motor motore *m*
Motorboot barca *f* a motore
Motorrad moto *f*
Motorschaden guasti *m pl* al motore
Mücke zanzara *f*
Mühe fatica *f*
Müll spazzatura *f*
Mülltonne bidone *m* della spazzatura
Multimedia multi-medialità *f*
Mund bocca *f*
Münze moneta *f*
Museum museo *m*
Musical musical *m*
Musik musica *f*
Musiker musicista *m*
müssen dovere

Mut coraggio *m*
Mutter madre *f*
Muttersprache madrelingua *f*

N

Nachbar vicino *m*
Nachbarschaft vicinato *m*
nachdenken pensare
Nachfrage domanda *f*
nachholen recuperare
Nachmittag pomeriggio *m*
Nachname cognome *m*
Nachricht notizia *f*
nachsehen verificare
nachsenden inoltrare
Nacht notte *f*
Nachtklub nightclub *m*
Nachtdienst turno *m* di notte
Nachteil svantaggio *m*
Nadel ago *m*
Nagel chiodo *m*
nahe vicino
Nähe vicinanza *f*
Nahrung cibo *m*
Nahrungsmittel prodotto *m* alimentare
Nahverkehr traffico *m* locale
Name nome *m*
Nase naso *m*
Nation nazione *f*
Nationalität nazionalità *f*

Nationalpark parco *m* nazionale
Natur natura *f*
Naturschutz protezione *f* della natura
Naturschutzgebiet parco *m* nazionale
Nebel nebbia *f*
Nebenkosten spese *f pl* accessorie
Nebenwirkung effetto *m* collaterale
Neffe nipote *m*
Neigung inclinazione *f*
nennen nominare
Nerv nervo *m*
Netz rete *f*
Neugier curiosità *f*
Nichte nipote *f*
Nichtraucher non fumatore *m*
Niederlage sconfitta *f*
Niere rene *m*
Niveau livello *m*
Norden nord *m*
Not necessità *f*
Notausgang uscita *f* di sicurezza
Notbremse freno *m* d'emergenza
Notfall urgenza *f*
notieren annotare
Notwehr legittima *f* difesa
November novembre *m*

Nudel pasta *f*
Nummer numero *m*
Nummernschild targa *f*
Nuss noce *f*
Nutzen utilità *f*

O

Oberfläche superficie *f*
Obst frutta *f*
Obstgeschäft fruttivendolo *m*
Obstsaft succo *m* di frutta
oder oppure
Öffnungszeiten orari *m pl* d'apertura
offen aperto
ohne senza
Ohr orecchio *m*
Ohrring orecchino *m*
Oktober ottobre *m*
Öl olio *m*
Olive oliva *f*
Omnibus autobus
Onkel zio *m*
Oper opera *f* lirica
Operation operazione *f*
operieren operare
Opfer vittima *f*
Optiker ottico *m*
Orange arancia *f*
ordnen ordinare
Ordnung ordine *m*
Organ organo *m*
Organisation organizzazione *f*

organisieren organizzare
orientieren orientare
Orientierung orientamento *m*
Original originale *m*
Ort luogo *m*
Ortsgespräch conversazione *f* urbana
Osten est *m*
Ostern Pasqua *f*

P

Paar coppia *f*
packen impacchettare
Packung scatola *f*
Paket pacchetto *m*
Panik panico *m*
Panne guasto *m*
Papier carta *f*
Papiere documenti *m pl*
Papierkorb cestino *m*
Papiertaschentuch fazzoletto *m* di carta
Paprika peperone *m*
Paradies paradiso *m*
Parfümerie profumeria *f*
Park parco *m*
parken parcheggiare
Parkett platea *f*
Parkhaus autosilo *m*
Parkplatz parcheggio *m*
Parkschein biglietto *m* del parcheggio

Parkverbot divieto *m* di sosta
Partner compagno *m*
Party festa *f*
Pass passaporto *m*
Passagier passeggero *m*
Passagierschiff nave *f* passeggeri
Passanten passanti *m pl*
passen andar bene
Passkontrolle controllo *m* dei passaporti
Pastor pastore *m*
Patient paziente *m*
Pauschalpreis prezzo *m* forfettario
Pause pausa *f*
Pech sfortuna *f*
Pension pensione *f*
Person persona *f*
Personal personale *m*
Personalien dati *m pl* anagrafici
Petersilie prezzemolo *m*
Pfarrer parroco *m*
Pfeffer pepe *m*
Pfeife pipa *f*
Pferd cavallo *m*
Pfingsten Pentecoste *f*
Pfirsich pesca *f*
Pflanze pianta *f*
Pflaster cerotto *m*
Pflaume prugna *f*

Pflege cura *f*
pflegen curare
Pflicht dovere *m*
Pförtner portiere *m*
Pfund mezzo chilo *m*
Physik fisica *f*
Pianist pianista *m*
Picknick picnic *m*
Pille pillola *f*
Pilot pilota *m*
Pilz fungo *m*
Pinsel pennello *m*
Pkw macchina *f*
Plakat manifesto *m*
Plakette targhetta *f*
Plan progetto *m*
Planet pianeta *m*
Plastik plastica *f*
Plastikbeutel sacchetto *m* di
   plastica
Platte disco *m*
Plattform piattaforma *f*
Platz posto *m*
Platzkarte biglietto *m*
Plombe piombo *m*
Poesie poesia *f*
Politiker politico *m*
Polizei polizia *f*
Polizeirevier distretto *m* di
   polizia
Polizeiwagen macchina *f* della
   polizia

Polizist poliziotto *m*
Pommes frites patatine *f pl* fritte
Portmonee portafoglio *m*
Portier portiere *m*
Portion porzione *f*
Porto tassa *f* postale
Position posizione *f*
Post posta *f*
Postamt ufficio *m* postale
Postkarte cartolina *f*
Praxis studio *m* medico
Preis prezzo *m*
Preiserhöhung aumento *m* dei
   prezzi
Preisermäßigung sconto *m*
Presse stampa *f*
Prinzip principio *m*
Privatstrand spiaggia *f* privata
Privatzimmer camera *f* privata
Probe prova *f*
Problem problema *m*
Produkt prodotto *m*
Professor professore *m*
Prognose prognosi *f*
Programm programma *m*
Projekt progetto *m*
Prospekt opuscolo *m*
Protest protesta *f*
Prothese protesi *f*
Protokoll verbale *m*
Provision provvigione *f*
Prozent percento *m*

Prozess processo *m*
prüfen controllare
Publikum pubblico *m*
Pullover maglione *m*
Punkt punto *m*
Pünktlichkeit puntualità *f*
Pute tacchina *f*
putzen pulire
Putzmittel detersivo *m*

Q

Quadrat quadrato *m*
quälen tormentare
Qualität qualità *f*
Qualle medusa *f*
Qualm fumo *m*
Quarantäne quarantena *f*
Quartal trimestre *m*
Quartier quartiere *m*
Quelle fonte *f*
quetschen pigiare
quietschen cigolare
Quittung ricevuta *f*

R

Rad ruota *f*
Radfahrer ciclista *m*
Radio radio *f*
Rahmen cornice *f*
Rang fila *f*
Rasen prato *m*
Rasierapparat rasoio *m*

rasieren radere
Rasierklinge lametta *f*
Rasiercreme crema *f* da barba
Rasierpinsel pennello *m* da barba
Rat consiglio *m*
raten consigliare
Rathaus municipio *m*
Rätsel indovinello *m*
Rauch fumo *m*
rauchen fumare
Raucher fumatore *m*
Raum stanza *f*
reagieren reagire
Reaktion reazione *f*
realisieren realizzare
rechnen contare
Rechnung conto *m*
Recht diritto *m*
Rechte destra *f*
rechtfertigen giustificare
rechtlich giuridico
rechts a destra
Rechtsanwalt avvocato *m*
rechtzeitig puntuale
Rede discorso *m*
reden parlare
reduzieren ridurre
Regel regola *f*
Regen pioggia *f*
Regenmantel impermeabile *m*
Regenschirm ombrello *m*

regieren governare
Regierung governo *m*
Regierungskoalition coalizione *f* di governo
Region regione *f*
regnen piovere
Reh capriolo *m*
reich ricco
Reichtum ricchezza *f*
Reichweite portata *f*
Reifen pneumatico *m*
Reihe fila *f*
Reihenfolge successione *f*
rein puro
reinigen pulire
Reinigung pulizia *f*
Reis riso *m*
Reise viaggio *m*
Reisebüro agenzia *f* di viaggi
Reisebus autobus *m*
Reiseführer guida *f* turistica
Reiseleiter accompagnatore turistico *m*
Reisepass passaporto *m*
reißen strappare
Reißverschluss cerniera *f*
reiten cavalcare
Reiter cavaliere *m*
Reiz stimolo *m*
Religion religione *f*
Rentner pensionato *m*
Reparatur riparazione *f*

Reparaturwerkstatt officina *f* di riparazioni
reparieren riparare
reservieren prenotare
Reservierung prenotazione *f*
Restaurant ristorante *m*
Resultat risultato *m*
retten salvare
Rettung salvezza *f*
Rezept ricetta *f*
Rezeption reception *f*
riechen sentire
Rindfleisch carne *f* di manzo
Ring anello *m*
Risiko rischio *m*
Rock gonna *f*
Roman romanzo *m*
Rose rosa *f*
rot rosso
rücken muovere
Rückfahrkarte biglietto *m* di ritorno
Rückseite retro *m*
rudern remare
Ruf chiamata *f*
rufen chiamare
Rufnummer numero *m* di telefono
Ruhe tranquillità *f*
ruhen riposare
Rundfahrt giro *m*
rutschen scivolare

S

Saal sala *f*
Sache cosa *f*
Saft succo *m*
sagen dire
Saison stagione *f*
Saisonzuschlag supplemento *m* stagionale
Salat insalata *f*
Salz sale *m*
Sand sabbia *f*
Sandstrand spiaggia *f* sabbiosa
Sarg bara *f*
saugen succhiare
Sauna sauna *f*
schaden nuocere
Schaf pecora *f*
schälen sbucciare
Schalter sportello *m*
Scheck assegno *m*
Scheibe fetta *f*
Schein biglietto *m*
Schere forbici *f pl*
schicken spedire
schießen sparare
Schirm ombrello *m*
schlafen dormire
schlagen picchiare
Schlange serpente *m*
Schlauchboot gommone *m*
schlecht male
schließen chiudere

Schließfach cassetta *f* di sicurezza
Schlitten slitta *f*
schlucken ingoiare
Schlüssel chiave *f*
schmecken assaggiare
Schmerz dolore *m*
Schmuck gioielli *m pl*
Schnee neve *f*
schneiden tagliare
schneien nevicare
Schnupfen raffreddore *m*
schön bello
Schokolade cioccolato *m*
Schrank armadio *m*
Schraubenzieher cacciavite *m*
schreien urlare
Schuh scarpa *f*
Schuhmacher calzolaio *m*
Schuld colpa *f*
Schule scuola *f*
Schulter spalla *f*
Schüssel scodella *f*
Schutz protezione *f*
schwanger incinta
schwarz nero
Schweinefleisch carne *f* di maiale
Schweiz Svizzera *f*
Schweizer Franken franco *m* svizzero

Schwester sorella *f*
schwimmen nuotare
Schwimmweste giubbotto *m* di salvataggio
See lago *m*; mare *m*
Seekrankheit mal *m* di mare
Segelboot barca *f* a vela
segeln navigare a vela
Segelschule scuola *f* di vela
sehen vedere
Sehenswürdigkeit cosa *f* da vedere
Seife sapone *m*
Sekt spumante *m*
Senf senape *f*
September settembre *m*
Sex sesso *m*
Shorts pantaloncini *m pl*
sich begeistern für entusiasmarsi per
sich beschweren lamentarsi
sich melden presentarsi
sich verabschieden congedarsi
sich wohl fühlen sentirsi bene
Sicherheitsgurt cintura *f* di sicurezza
Sicherung assicurazione *f*
siegen vincere
Ski sci *m*
Sohn figlio *m*
Sommer estate *f*
Sonnabend sabato *m*

Sonne sole *m*
Sonnenaufgang sorgere *m* del sole
Sonnenbrand scottatura *f* solare
Sonnenbrille occhiali *m pl* da sole
Sonnenöl olio *m* solare
Sonnenschirm ombrellone *m*
Sonnenuntergang tramonto *m*
Sonntag domenica *f*
Soße salsa *f*
spät tardi
Spargel asparagi *m pl*
spazieren gehen fare una passeggiata
Speisekarte menù *m*
Spiegel specchio *m*
Spielzeug giocattolo *m*
Spinat spinaci *m pl*
Sport sport *m*
Sprache lingua *f*
sprechen parlare
Sprechstunde orario *m* di ricevimento
spüren percepire
Staatsangehörigkeit cittadinanza *f*
Stadt città *f*
Stadtplan pianta *f* della città
Stadtzentrum centro *m* della città

Start partenza *f*
starten partire
stattfinden aver luogo
Stau coda *f*
Steckdose presa *f*
stehen stare in piedi
stehlen rubare
Stern stella *f*
Stornierung disdetta *f*
Strand spiaggia *f*
Straße strada *f*
Straßenkarte piantina *f*
Stuhl sedia *f*
Sturm tempesta *f*
Suche ricerca *f*
suchen cercare
Süden sud *m*
Suppe minestra *f*
Süßigkeit dolce *m*

T

Tabak tabacco *m*
Tag giorno *m*
Tal valle *f*
Tampon tampone *m*
Tankstelle stazione *f* di servizio
Tante zia *f*
Tanz danza *f*
Tasche borsa *f*
Taschenlampe pila *f*
Taschenmesser coltellino *m*
Taschentuch fazzoletto *m*

Tasse tazza *f*
tauchen immergersi
Taucherausrüstung attrezzatura *f* da sub
Tee tè *m*
Teil parte *f*
Telefon telefono *m*
Telefonbuch elenco *m* telefonico
telefonieren telefonare
Teller piatto *m*
Temperatur temperatura *f*
Tennis tennis *m*
Termin appuntamento *m*
teuer caro
Theater teatro *m*
Thermometer termometro *m*
Tier animale *m*
Tisch tavolo *m*
Toast toast *m*
Tochter figlia *f*
Toilettenpapier carta *f* igienica
Toilette bagno *m*
Tor portone *m*
töten uccidere
Tourist turista *m*
Touristeninformation ufficio *m* informazioni
tragen portare
träumen sognare
Treppe scala *f*

Tretboot pedalò *m*
treten pestare
Trinkgeld mancia *f*
Trinkwasser acqua *f* potabile
trocknen asciugare
tropfen gocciolare
tun fare
Tunnel galleria *f*
Tür porta *f*
Turnschuhe scarpe *f pl* da ginnastica

U

U-Bahn metro(politana) *f*
Übelkeit nausea *f*
Überfall aggressione *f*
übergeben consegnare
Übergepäck eccesso *m* di bagaglio
Übernachtung pernottamento *m*
übernehmen assumere
Überraschung sorpresa *f*
übersetzen tradurre
Übersetzung traduzione *f*
übertreiben esagerare
Überweisung bonifico *m*
überzeugen convincere
Übung esercizio *m*
Ufer riva *f*
Uhr ora *f*
Umleitung deviazione *f*

und e
Unfall incidente *m*
Unterhaltung conversazione *f*
Unterkunft alloggio *m*
Untersuchung analisi *f*
Urlaub vacanza *f*

V

Vase vaso *m*
Vater padre *m*
verabreden concordare
verabschieden congedare
Verbandszeug bende *f pl*
verbinden fasciare
Verbrechen delitto *m*
verbrennen bruciare
vergessen dimenticare
Verkehr traffico *m*
verletzen ferire
verlieben innamorarsi
verlieren perdere
Verlobte/r fidanzato/a *m/f*
Verlust perdita *f*
vermieten affittare
vermissen avere nostalgia
Verpflegung vitto *m*
verschlafen restare addormentato
versichern assicurare
Versicherung assicurazione *f*
Verspätung haben essere in ritardo

verzeihen perdonare
Verzeihung perdono *m*
verzollen sdoganare
Visum visto *m*
Vollpension pensione *f* completa
Vorfahrt precedenza *f*
Vorname nome *m*
Vorsicht attenzione *f*
Vorwahl prefisso *m*

W

Waage bilancia *f*
wachsen crescere
Wahl scelta *f*
wählen votare
Wahrheit verità *f*
Walnuss noce *f*
Wand parete *f*
Warnung avviso *m*
warm caldo
warten aspettare
Wartesaal sala *f* d'aspetto
Waschbecken lavandino *m*
Wäsche biancheria *f*
Wasser acqua *f*
WC wc *m*
wechseln cambiare
wecken svegliare
Wecker sveglia *f*
Weg via *f*
Wegweiser indicatore *m* stradale

weh tun fare male
Weihnachten Natale *m*
Wein vino *m*
weinen piangere
weiß bianco
weit lungo
Wind vento *m*
Wirbelsäule colonna *f* vertebrale
Wissen sapere *m*
Woche settimana *f*
Wochenende fine settimana *m*
wohnen abitare
wollen volere
Wort parola *f*
Wörterbuch dizionario *m*
Wunde ferita *f*
Wunsch desiderio *m*
wünschen desiderare

Z

Zahl numero *m*
zählen contare
Zahn dente *m*
Zahnarzt dentista *m/f*
Zahnbürste spazzolino *m* da denti
Zahnpasta dentifricio *m*
Zahnprothese dentiera *f*
Zahnschmerzen mal *m* di denti
Zange pinza *f*

Zeichen segno *m*
zeigen indicare
Zeit tempo *m*
Zeitschrift rivista *f*
Zeitung giornale *m*
Zentimeter centimetro *m*
Zeuge testimone *m*
ziehen tirare
Zigarette sigaretta *f*
Zimmer camera *f*
Zitrone limone *m*
Zoll dogana *f*
Zollkontrolle controllo *m*
   doganale
Zoo zoo *m*
Zucker zucchero *m*
Zufall caso *m*
Zug treno *m*
Zunge lingua *f*
Zuschauer spettatore *m*
Zwiebel cipolla *f*
Zwischenstecker spina *f* inter-
   media

A

a destra rechts
abbagliante *m* Fernlicht
abitante *m/f* Anwohner,
  Bewohner
abitare wohnen
abito *m* Anzug, Kleid
accademia *f* Akademie
accadere geschehen
accappatoio *m* Bademantel
accelerare beschleunigen
accendere einschalten
accendino *m* Feuerzeug
accento *m* Akzent
accertare feststellen
accettare akzeptieren,
  annehmen
accoglienza *f* Aufnahme,
  Empfang
accompagnamento *m*
  Begleitung
accompagnare begleiten
accompagnatore *m* Begleiter
accompagnatore *m* **turistico**
  Reiseleiter
acconciatura *f* Frisur
acconto *m* Anzahlung
accordare abstimmen
accordo *m* Absprache
aceto *m* Essig
acqua *f* Wasser
acqua *f* **potabile** Trinkwasser

acquistare erwerben
acquisto *m* Erwerb
adattare anpassen
adattatore *m* Adapter
addizionare addieren
addormentarsi einschlafen
adulto *m* Erwachsener
aeroplano *m* Flugzeug
aeroporto *m* Flughafen
affare *m* Angelegenheit
afferrare greifen
affiorare auftauchen
affittare mieten, vermieten
affitto *m* Miete
affrancare frankieren
agenzia *f* Agentur
agenzia *f* **di viaggi**
  Reisebüro
aggressione *f* Überfall
aggressore *m* Angreifer
agire agieren
agitazione *f* Aufregung
aglio *m* Knoblauch
agnello *m* Lamm
ago *m* Nadel
agosto *m* August
aiutante *m* Helfer
aiutare helfen
aiuto *m* Hilfe
albergo *m* Hotel
albero *m* Baum
albicocca *f* Aprikose

alcol Alkohol *m*
allacciare la cintura di sicurezza anschnallen
allargare erweitern
allarme *m* Alarm
allergia *f* Allergie
alloggio *m* Unterkunft
allontanare entfernen, abschieben
alta marea *f* Flut
alternativa *f* Alternative
altezza *f* Höhe
alzare anheben
amaca *f* Hängematte
amante *m/f* Geliebte/r
ambasciata *f* Botschaft
ambasciatore *m* Botschafter
ambulanza *f* Krankenwagen
americano *m* Amerikaner
amica *f* Freundin
amicizia *f* Freundschaft
amico *m* Freund
ammontare a betragen
amore *m* Liebe
analisi *f* Analyse, Untersuchung
analizzare analysieren
ananas *m* Ananas
anatra *f* Ente
andare fahren, gehen
andar bene passen
andare a prendere holen, abholen

anello *m* Ring
anestesia *f* Betäubung
aneto *m* Dill
angolo *m* Ecke
anguilla *f* Aal
animale *m* Tier
annata *f* Jahrgang
anno *m* Jahr
annotare notieren
annullare annullieren
annunciare anmelden
annuncio *m* Ansage, Anzeige
antibiotico *m* Antibiotikum
antichità *f* Antike
antiquariato *m* Antiquitäten
aperto offen
apparenza *f* Anschein
apparire erscheinen
appartamento *m* Apartment
appendice *f* Blinddarm
appetito *m* Appetit
appoggiare anlegen
apprendere erfahren
approdo *m* Anlegeplatz
appuntamento *m* Termin
apribottiglie *m* Flaschenöffner
apriscatole *m* Büchsenöffner
aragosta *f* Languste
arancia *f* Orange
arancione orange
architetto *m* Architekt

architettura *f* Architektur
arena *f* Arena
argomento *m* Argument
aria *f* Luft
aria *f* **condizionata** Klimaanlage
armadio *m* Schrank
arrivare ankommen
arrivo *m* Ankunft, Anflug
arrostire braten
articolazione *f* Gelenk
ascensore *m* Aufzug, Fahrstuhl
asciugacapelli *m* Föhn
asciugamano *m* Handtuch
asciugare trocknen
ascoltare hören
asilo *m* Kindergarten
a sinistra links
asparagi *m pl* Spargel
aspettare abwarten, erwarten, warten
aspettativa *f* Erwartung
aspirare a anstreben
aspirina *f* Aspirin
assaggiare schmecken
assegno *m* Scheck
assenza *f* Abwesenheit
assicurare absichern, versichern
assicurazione *f* Sicherung, Versicherung

assistente *m/f* **di volo** Flugbegleiter/in
assorbente *m* Damenbinde
assumere übernehmen
attenzione *f* Achtung, Vorsicht
atto *m* Akt
auguri *m pl* Glückwünsche
aumento *m* **dei prezzi** Preiserhöhung
aumento *m* **stagionale** Saisonzuschlag
autobus *m* Bus, Reisebus
autosoccorso *m* Abschleppdienst
autostrada *f* Autobahn
autunno *m* Herbst
avere haben
avere bisogno brauchen
avere freddo frieren
avversario *m* Gegner
avviarsi anlaufen
avviso *m* Warnung
avvocato *m* Anwalt
azione *f* Handlung

B

baciare küssen
bacio *m* Kuss
bagagli *m pl* Gepäck
bagaglio *m* **a mano** Handgepäck
bagnino *m* Bademeister

bagno *m* Bad, Badezimmer, Toilette
bagno *m* **degli uomini** Herrentoilette
bagno *m* **per le signore** Damentoilette
balcone *m* Balkon
bambino *m* Kind
banana *f* Banane
banca *f* Bank
banconota *f* Geldschein
bandiera *f* Flagge
bara *f* Sarg
barba *f* Bart
barca *f* Boot
barca *f* **a motore** Motorboot
barca *f* **a vela** Segelboot
barzelletta *f* Witz
bello schön
benda *f* Binde, Verbandszeug
benzina *f* Benzin
biancheria *f* Wäsche
bianco weiß
bibbia *f* Bibel
bibita *f* Getränk
biblioteca *f* Bibliothek
bicchiere *m* Glas
bicicletta *f* Fahrrad
bidone *m* **della spazzatura** Mülltonne
biglietto *m* Fahrkarte

biglietto *m* **del parcheggio** Parkschein
biglietto *m* **di ritorno** Rückfahrkarte
bilancia *f* Waage
binario *m* Bahnsteig, Gleis
biro *f* Kugelschreiber
birra *f* Bier
biscotti *m pl* Gebäck
biscotto *m* Keks
blu blau
bocca *f* Mund
bonifico *m* Überweisung
borsa *f* Handtasche, Tasche
bottiglia *f* Flasche
bottone *m* Knopf
braccio *m* Arm
bricco *m* Kanne
bronchite *f* Bronchitis
bruciare brennen
buca *f* **delle lettere** Briefkasten
buono gut
bungalow *m* Bungalow
burro *m* Butter
bussola *f* Kompass
busta *f* Briefumschlag

c

cabina *f* Kabine
cabina interna *f* Innenkabine
cacao *m* Kakao
caccia *f* Jagd

cacciavite *m* Schraubenzieher
cadere fallen
caduta *f* Abfall, Absturz
caffè *m* Café, Kaffee
caffettiera *f* Kaffeekanne
calcio *m* Fußball
caldo *m* Hitze
calendario *m* Kalender
calmante *m* Beruhigungsmittel
calzolaio *m* Schuhmacher
cambiare ändern, wechseln
cambio *m* Geldwechsel
camera *f* Zimmer
camera *f* **doppia**
   Doppelzimmer
camera *f* **privata** Privatzimmer
camera *f* **singola** Einzelzimmer
cameriere/a *m/f* Kellner/in
camicetta *f* Bluse
camminare laufen
campeggio *m* Camping,
   Campingplatz
campo *m* Feld
canale *m* Kanal
candela *f* Kerze
cane *m* Hund
cantiere *m* Baustelle
cantina *f* Keller
canzone *f* Lied
caos *m* Chaos
capelli *m pl* Haare
capitale *f* Hauptstadt

capo *m* Chef
capolinea *m* Endstation
caporeparto *m* Abteilungsleiter
cappella *f* Kappelle
cappello *m* Hut
cappotto *m* Mantel
capriolo *m* Reh
caramelle *f pl* Bonbons
carattere *m* Charakter
carciofo *m* Artischocke
caricare laden
carico *m* Belastung
carne *f* Fleisch
carne *f* **di maiale**
   Schweinefleisch
carne *f* **di manzo** Rindfleisch
carne *f* **di vitello** Kalbfleisch
caro teuer
carota *f* Karotte
carreggiata *f* Fahrbahn
carriera *f* Karriere
carro *m* **attrezzi**
   Abschleppwagen
carta *f* Karte, Papier
carta *f* **di credito** Kreditkarte
carta *f* **igienica** Toilettenpapier
cartina *f* **geografica** Landkarte
cartolina *f* Ansichtskarte,
   Postkarte
cartone *m* Karton
casa *f* Haus, Heim
casalinga *f* Hausfrau

caso *m* Fall, Zufall
cassa *f* Kasse
castello *m* Burg
catalogo *m* Katalog
catena *f* Kette
cavalcare reiten
cavaliere *m* Reiter
cavallo *m* Pferd
cavatappi *m* Korkenzieher
cavolfiore *m* Blumenkohl
cellulare *m* Handy
cena *f* Abendessen
centimetro *m* Zentimeter
centro *m* Innenstadt
centro *m* **commerciale**
   Einkaufszentrum
centro *m* **della città**
   Stadtzentrum
cercare nachschlagen, suchen
cerchio *m* Kreis
cereali *m pl* Getreide
cerniera *f* Reißverschluss
cerotto *m* Pflaster
certificato *m* Attest
certificato *m* **di vaccinazione**
   Impfpass
cetriolo *m* Gurke
chiamata *f* Aufruf, Anruf
chiave *f* Schlüssel
chiave *f* **di casa** Hausschlüssel
chiavi *f pl* **della macchina**
   Autoschlüssel

chiedere fragen
chiesa *f* Kirche
chiuso geschlossen
chilo *m* Kilo
chilometro *m* Kilometer
chimica *f* Chemie
chirurgo *m* Chirurg
chiudere schließen
chiudere a chiave abschließen
ciabatte *f pl* Badeschuhe
cibo *m* Essen, Nahrung
ciclista *m* Radfahrer
cicoria *f* Chicoree
cielo *m* Himmel
cifra *f* Ziffer
cigolare quietschen
ciliegia *f* Kirsche
cimitero *m* Friedhof
cinema *m* Kino
cintura *f* Gürtel
cintura *f* **di sicurezza**
   Sicherheitsgurt
cioccolato *m* Schokolade
cipolla *f* Zwiebel
circolazione *f* Kreislauf
città *f* Stadt
città *f* **antica** Altstadt
città *f* **portuale** Hafenstadt
cittadinanza *f* Staatsangehörigkeit
clacson *m* Hupe
classe *f* Klasse

clima *m* Klima
clinica *f* Klinik
club *m* Club
coda *f* Stau
cognome *m* Familienname, Nachname
colazione *f* Frühstück
calcolo *m* Berechnung
collegamento *m* Anschluss
collegare anschließen
colonna *f* **vertebrale** Wirbelsäule
colore *m* Farbe
colpa *f* Schuld
coltellino *m* Taschenmesser
coltello *m* Messer
coltivazione *f* Anbau
colto gebildet
comando *m* Gebot
cominciare beginnen
commerciare handeln
commercio *m* Handel
commercio *m* **al dettaglio** Einzelhandel
commiserazione *f* Bedauern
compagnia *f* **aerea** Fluggesellschaft
compagno *m* Partner
compatire bedauern
compilare ausfüllen
compito *m* Aufgabe
comportarsi sich benehmen

comprare einkaufen
computer *m* Computer
comunicazione *f* Bekanntgabe
comunione *f* Abendmahl
comunità *f* Gemeinde, Gemeinschaft
con mit
concerto *m* Konzert
concludere beschließen
concordare verabreden
conducente *m* Fahrer
condurre führen
confine *m* Grenze
congedare verabschieden
congedo *m* Abschied
congratularsi gratulieren
conoscenze *f pl* Kenntnisse
conoscere kennen
consegna *f* Abgabe
conseguenza *f* Folge
consigliare beraten, raten
consiglio *m* Rat
contare rechnen, zählen
contenuto *m* Inhalt
contestare bestreiten
conto *m* Rechnung
conto *m* **in banca** Bankkonto
contrasto *m* Gegensatz
contributo *m* Beitrag
controllare prüfen
controllo *m* **dei passaporti** Passkontrolle

controllo *m* **doganale** Zollkontrolle
conversazione *f* Unterhaltung
conversazione *f* **urbana**
Ortsgespräch
convincere überzeugen
coperta *f* Bettdecke, Decke
copia *f* Kopie
coppa *f* **di gelato** Eisbecher
coppia *f* Paar
coraggio *m* Mut
cornice *f* Rahmen
coro *m* Chor
corpo *m* Körper
corrispondere entsprechen
corso *m* Kurs
corso *m* **delle azioni** Aktien-
kurs
cortile *m* Hof
cosa *f* Ding, Sache
cosa *f* **da vedere**
Sehenswürdigkeit
cosa *f* **principale** Hauptsache
coscienza *f* Gewissen
costa *f* Küste
costruire bauen
costruzione *f* Aufbau, Bau
costume *m* **da bagno** Badeanzug, Badehose
cotone *m* Baumwolle
cravatta *f* Krawatte
credere glauben

crema *f* **da barba** Rasiercreme
crescere wachsen
cristianesimo *m* Christentum
cristiano *m* Christ
Cristo Christus
critica *f* Beanstandung
crociera *f* Kreuzfahrt
cucchiaio *m* Löffel
cucina *f* Küche
cucinare kochen
cucire annähen
cuffia *f* Badekappe
cugina *f* Cousine
cugino *m* Cousin
cuoco *m* Koch
cuore *m* Herz
cura *f* Pflege
curare pflegen
curiosità *f* Neugier
cuscino *m* Kopfkissen
custodire aufbewahren

D
danza *f* Tanz
dare geben
data *f* Datum
data *f* **di nascita** Geburtstag
dati *m pl* **anagrafici** Personalien
datteri *m pl* Datteln
dazio *m* **d'esportazione**
Ausfuhrzoll
decennio *m* Jahrzehnt

decidere bestimmen, entscheiden
decisione *f* Entscheidung
decollo *m* Abflug
deflusso *m* Abfluss
delitto *m* Verbrechen
democrazia *f* Demokratie
denaro *m* **contante** Bargeld
dente *m* Zahn
dentiera *f* Gebiss
dentifricio *m* Zahnpasta
dentista *m/f* Zahnarzt
deodorante *m* Deodorant
deporre abstellen
depositare hinterlegen
deposito *m* **bagagli** Gepäckaufbewahrung
descrizione *f* Beschreibung
desiderare wünschen
destinatario *m* Empfänger
destra *f* Rechte
detentore *m* Inhaber
detersivo *m* Putzmittel
detrarre abrechnen
detrazione *f* Abrechnung, Abzug
deviazione *f* Umleitung
diabetico *m* Diabetiker
diagnosi *f* Diagnose
dialogo *m* Gespräch
diapositiva *f* Dia
diarrea *f* Durchfall

dicembre *m* Dezember
diesel *m* Diesel
dieta *f* Diät
differenza *f* Differenz
dimagrire abnehmen
dimenticare vergessen
dimostrare erweisen
Dio *m* Gott
dipartimento *m* Abteilung
diplomatico *m* Diplomat
dire sagen
diretto direkt
diritto *m* Recht
dirsi addio sich adieu sagen
discesa *f* Abstieg
disco *m* Platte
discoteca *f* Diskothek
discussione *f* Auseinandersetzung
discutere diskutieren
disdetta *f* Stornierung
disdire absagen
disfare auflösen
disinserire ausschalten
dispositivo *m* **d'avviamento** Anlasser
distanza *f* Abstand, Entfernung
distretto *m* Bezirk
distretto *m* **di polizia** Polizeirevier
dito *m* Finger, Zehe
divertirsi sich amüsieren

divieto *m* **di sosta** Halteverbot, Parkverbot
dizionario *m* Wörterbuch
doccia *f* Dusche
documentare belegen
documenti *m pl* Papiere
documento *m* Ausweis
dogana *f* Zoll
dolce *m* Süßigkeit
dolore *m* Schmerz, Leid
domani morgen
domanda *f* Anfrage, Frage
domenica *f* Sonntag
dominare beherrschen
donna *f* Frau
dormire schlafen
dottore *m* Doktor
dovere müssen, sollen
dozzina *f* Dutzend
dramma *m* Drama
drogheria *f* Drogerie
durare dauern

E
e und
eccesso *m* **di bagaglio** Übergepäck
edificio *m* Gebäude
effetto *m* **collaterale** Nebenwirkung
elaborare erarbeiten
elastico *m* Gummiband

elenco *m* **telefonico** Telefonbuch
elettricista *m* Elektriker
elettronica *f* Elektronik
elicottero *m* Hubschrauber
eliminare abschaffen, entfernen
eliminazione *f* Abschaffung
emozione *f* Emotion
energia *f* Energie
entrare eintreten
entrata *f* Einfahrt, Eingang
entrata *f* **(in un paese)** Einreise
entrata *f* **in scena** Auftritt
errore *m* Fehler, Irrtum
esagerare übertreiben
escursione *f* Ausflug
eseguire ausführen
esempio *m* Beispiel
esercito *m* Armee
esistenza *f* Existenz
esistere bestehen
espatrio *m* Auswanderung
esperienza *f* Erfahrung
esperimento *m* Experiment
esperto *m* Experte
esporre aussetzen
esposizione *f* Ausstellung
essere in ritardo Verspätung haben
essere valido gelten
est *m* Osten
estate *f* Sommer

estero *m* Ausland
estintore *m* Feuerlöscher
estraneo *m* Fremder
età *f* Alter
euro *m* Euro
Europa *m* Europa

F

fabbrica *f* Fabrik
fabbricante *m* Hersteller
facchino *m* Gepäckträger
fagiolo *m* Bohne
fame *f* Hunger
famiglia *f* Familie
far piacere freuen
fare machen, tun
fare alpinismo bergsteigen
fare colazione frühstücken
fare domanda beantragen
fare il bagno baden
fare l'appello aufrufen
fare male weh tun
fare una passeggiata spazieren gehen
farmacia *f* Apotheke
fasciare verbinden
fatica *f* Mühe
fazzoletto *m* **di carta** Papiertaschentuch
fazzoletto *m* Taschentuch
febbraio *m* Februar
febbre *f* Fieber

fede *f* Glaube
fede *f* **nuziale** Ehering
felice glücklich
ferie *f pl* Ferien
ferire verletzen
ferita *f* Wunde
fermaglio *m* **per i capelli** Haarklammer
fermare anhalten, aufhalten, halten
fermata *f* Bushaltestelle, Haltestelle
ferrovia *f* Bahn, Eisenbahn
festa *f* Feier, Fest, Party
festeggiare feiern
fetta *f* Scheibe
fico *m* Feige
fidanzato/a *m/f* Verlobte/r
figlia *f* Tochter
figlio *m* Sohn
figura *f* Figur
filo *m* **di ferro** Eisendraht
fila *f* Rang, Reihe
file *m* Datei
film *m* Film
filo *m* Bindfaden
finanze *f pl* Finanzen
fine *f* Ende
fine *f* **dell'anno** Jahresende
fine settimana *m* Wochenende
finestra *f* Fenster
finire enden

finire di bere austrinken
finire di costruire fertig bauen
fiore *m* Blume
fisica *f* Physik
fiume *m* Fluss
foglia *f* Blatt (Baum)
foglio *m* Blatt (Papier)
fontana *f* Brunnen
fonte *f* Quelle
forbici *f pl* Schere
forchetta *f* Gabel
forma *f* Form, Gestalt
formaggio *m* Käse
formare gestalten
formazione *f* Ausbildung, Bildung
fornello *m* Herd
fortuna *f* Glück
forza *f* Gewalt, Kraft
foto *f* Foto
fotografare fotografieren
fragola *f* Erdbeere
fraintendere missverstehen
franco *m* **svizzero** Schweizer Franken
francobollo *m* Briefmarke
fratello *m* Bruder
freccia *f* Blinker
freddo kalt
frenare bremsen
freno *m* Bremse
freno *m* **a mano** Handbremse
freno *m* **d'emergenza** Notbremse
frigorifero *m* Kühlschrank
frutta *f* Obst
fruttivendolo *m* Obsthändler
fumare rauchen
fumatore *m* Raucher
fumo *m* Qualm, Rauch
fungo *m* Pilz
funzionario *m* Beamter
fuoco *m* Feuer
futuro *m* Zukunft

G

gabbiano *m* Möwe
galleria *f* Tunnel
gallo *m* Hahn
gamba *f* Bein
gambero *m* Hummer
garage *m* Garage
garantire garantieren
garanzia *f* Garantie
gas *m* Gas
gelateria *f* Eisdiele
gelato *m* Eis
gelo *m* Frost
generi *m pl* **alimentari** Lebensmittel
genitori *m pl* Eltern
gennaio *m* Januar
gente *f* Leute
Germania *f* Deutschland

gestione *f* **della casa** Haushalt
gesto *m* Geste
ghiandola *f* Drüse
giacca *f* Jacke, Jackett
giallo gelb
giacca *f* **a vento** Anorak
giardino *m* Garten
ginecologo *m* Frauenarzt
ginocchio *m* Knie
giocattolo *m* Spielzeug
gioielliere *m* Juwelier
gioielli *m pl* Schmuck
giornalista *m/f* Journalist
giornale *m* Zeitung
giorno *m* Tag
giorno *m* **festivo** Feiertag
giovane *m* Junge/jung
giovedì *m* Donnerstag
gioventù *f* Jugend
girare drehen
giro *m* Rundfahrt
giubbotto *m* **di salvataggio** Schwimmweste
giudicare beurteilen
giugno *m* Juni
giuridico rechtlich
giustificare rechtfertigen
gocciolare tropfen
godere genießen
golf *m* Golf
gomito *m* Ellbogen

gommone *m* Schlauchboot
gonna *f* Rock
governare regieren
governo *m* Regierung
grammo *m* Gramm
grande groß
grandezza *f* Größe
grasso *m* Fett
grotta *f* Höhle
gruppo *m* Gruppe
guadagno *m* Verdienst
guanto *m* Handschuh
guardare anschauen
guardaroba *m* Garderobe
guardia *f* Wache
guasto *m* **al motore** Motorschaden
guasto *m* Panne

H
hall *f* Hotelhalle

I
idea *f* Idee, Ahnung
identificare identifizieren
ieri gestern
illustrazione *f* Abbildung
illusione *f* Illusion
immagine *f* Bild
immergersi tauchen
impacchettare packen, einpacken

impermeabile *m* Regenmantel
impianto *m* Anlage
importazione *f* Import
importo *m* Betrag
impressionato beeindruckt
incidente *m* Unfall
incinta schwanger
inclinazione *f* Neigung
incominciare beginnen
incontrare begegnen
incrocio *m* Kreuzung
incubo *m* Alptraum
indicare zeigen, angeben
indicatore *m* **stradale**
　Wegweiser
indicazione *f* Angabe, Hinweis
indirizzo *m* Adresse
infiammazione *f* Entzündung
inflazione *f* Inflation
informare benachrichtigen,
　informieren
informazione *f* Auskunft
inganno *m* Betrug
ingoiare schlucken
ingresso *m* Eintritt
iniezione *f* Injektion
inizio *m* Anfang
inoltrare nachsenden
insalata *f* Salat, Kopfsalat
insegnante *m/f* Lehrer/in
inseguire verfolgen
insetticida *m* Insektenmittel

insetti *m pl* Insekten
intelligenza *f* Intelligenz
intenzione *f* Absicht
interessarsi sich interessieren
interesse *m* Interesse
internista *m/f* Internist
interprete *m/f* Dolmetscher
interrompere abbrechen
interruttore *m* Lichtschalter
intervista *f* Interview
intestino *m* Darm
invenzione *f* Erfindung
inviare abschicken
invitare einladen
invito *m* Einladung
iodio *m* Jod
iscrizione *f* Eintrag
isola *f* Insel
isolamento *m* Isolierung
istituto *m* Institut

L

labbro *m* Lippe
lacca *f* Haarspray
lago *m* See
lamentare beklagen
lamentarsi sich beschweren
lametta *f* Rasierklinge
lampadina *f* Glühbirne
lampeggiare blitzen
lampo *m* Blitz
lampone *m* Himbeere

lana *f* Wolle
lasciare lassen, hinterlassen
latte *m* Milch
lattina *f* Dose
lavandino *m* Waschbecken
lavorare arbeiten
lavori *m pl* **edili** Bauarbeiten
lavoro *m* Arbeit, Beruf
legge *f* Gesetz
legno *m* Holz
lenti *f pl* **a contatto**
   Kontaktlinsen
lenzuola *f pl* Bettwäsche
lettera *f* Brief, Buchstabe
lettera *f* **espresso** Eilbrief
lettino *m* Kinderbett
letto *m* Bett
liberare befreien
libertà *f* Freiheit
libro *m* Buch
licenziare entlassen
liceo *m* Gymnasium
lilla lila
limone *m* Zitrone
lingua *f* Sprache, Zunge
lino *m* Leine
liquidare auszahlen
litro *m* Liter
locale *m* Kneipe
locomotiva *f* Lokomotive
lontananza *f* Ferne
lotta *f* Kampf

luce *f* Licht
luglio *m* Juli
luna *f* Mond
lungo weit
luogo *m* Ort

M
ma aber
macchina *f* Auto, Pkw
macchina *f* **della polizia**
   Polizeiwagen
macchina *f* **fotografica**
   Fotoapparat
macellaio *m* Metzger
madre *f* Mutter
madrelingua *f* Muttersprache
maestra *f* **d'asilo** Kindergärtnerin
maggio *m* Mai
male schlecht
maledetto verflucht
mal *m* **di denti** Zahnschmerzen
mal *m* **di mare** Seekrankheit
mal *m* **di testa** Kopfschmerzen
malattia *f* Erkrankung,
   Krankheit
malleolo *m* Fußknöchel
mancare fehlen
mancia *f* Trinkgeld
mandarino *m* Mandarine
mangiare essen

manica *f* Ärmel
mano *f* Hand
mare *m* Meer
marito *m* Ehemann
marmellata *f* Marmelade
martello *m* Hammer
marzo *m* März
materassino (gonfiabile) *m*
  Luftmatratze
materia *f* Fach
materiale *m* Material
matrimonio *m* Ehe, Hochzeit
mattino *m* Morgen
medicina *f* Arzneimittel,
  Medikament
medico *m* Arzt
mela *f* Apfel
melone *m* Melone
mentire lügen
menù *m* Speisekarte
menzionare erwähnen
mercato *m* Markt
mercato *m* **del lavoro**
  Arbeitsmarkt
mercoledì *m* Mittwoch
mese *m* Monat
messa *f* Gottesdienst
mestruazioni *f pl* Menstruation
metà *f* Hälfte, Mitte
metro(politana) *f* U-Bahn
mettere per iscritto aufschreiben

mezza *f* **pensione** Halbpension
mezzo chilo *m* Pfund
miele *m* Honig
miglio *m* Meile
minaccia *f* Drohung
minacciare drohen
minestra *f* Suppe
minorato fisicamente körperlich behindert
minuto *m* Minute
mischiare mischen
miseria *f* Armut
misurare messen
mittente *m* Absender
mobili *m pl* Möbel
moglie *f* Ehefrau
momento *m* Augenblick,
  Moment
moneta *f* Münze
montagna *f* Berg
montagne *f pl* Gebirge
monumento *m* Denkmal
mordere beißen
mosca *f* Fliege
motore *m* Motor
moto *f* Motorrad
mucchio *m* Haufen
municipio *m* Rathaus
muovere bewegen, rücken
museo *m* Museum
musica *f* Musik
musicista *m* Musiker

N

nascere entstehen
nascita *f* Geburt
naso *m* Nase
nastro *m* Band
Natale *m* Weihnachten
natura *f* Natur
nausea *f* Übelkeit
nave *f* **passeggeri** Passagierschiff
navigare a vela segeln
nazionalità *f* Nationalität
nazione *f* Nation
nebbia *f* Nebel
necessità *f* Bedarf, Not
negozio *m* Laden, Geschäft
negozio *m* **di (generi) alimentari** Lebensmittelgeschäft
neonato *m* Baby
nero schwarz
nervo *m* Nerv
neve *f* Schnee
nevicare schneien
nightclub *m* Nachtklub
nocciola *f* Haselnuss
noce *f* Nuss
noce *f* **di cocco** Kokosnuss
nodo *m* Knoten
noleggiare mieten
nome *m* Name, Vorname
nominare nennen
non caro billig
non fumatore *m* Nichtraucher
nonna *f* Großmutter
nonno *m* Großvater
nord *m* Norden
notare merken
notizia *f* Nachricht
notte *f* Nacht
novembre *m* November
numero *m* Nummer, Zahl, Anzahl
numero *m* **di telefono** Rufnummer
nuocere schaden
nuotare schwimmen

O

oca *f* Gans
occhiali *m pl* Brille
occhiali *m pl* **da sole** Sonnenbrille
occhio *m* Auge
occuparsi sich befassen
oculista *m/f* Augenarzt
offerta *f* Angebot
offrire bieten, anbieten
oggi heute
olio *m* Öl
olio *m* **solare** Sonnenöl
oliva *f* Olive
ombrello *m* Schirm, Regenschirm
ombrellone *m* Sonnenschirm
opera *f* **lirica** Oper

operare operieren
operazione *f* Operation
opinione *f* Meinung
oppure oder
opuscolo *m* Prospekt
ora *f* Uhr
orari *m pl* **d'apertura**
Öffnungszeiten
orario *m* Fahrplan
orario *m* **d'aereo** Flugplan
orario *m* **di lavoro** Arbeitszeit
orario *m* **di ricevimento**
Sprechstunde
orario *m* **di visita** Besuchszeit
orchestra *f* Orchester
ordinare bestellen, ordnen
ordine *m* Befehl, Ordnung
orecchino *m* Ohrring
orecchio *m* Ohr
organizzare organisieren
organizzazione *f* Organisation
organo *m* Organ
orientare orientieren
originale *m* Original
orologio *m* Armbanduhr
ospedale *m* Krankenhaus
ospite *m/f* Gast
osso *m* Knochen
ostello *m* **della gioventù**
Jugendherberge
ostetrica *f* Hebamme
ostriche *f pl* Austern

ottico *m* Optiker
ottobre *m* Oktober

P

pacchetto *m* Paket
pace *f* Frieden
padre *m* Vater
padrone *m* **di casa** Gastgeber
pagamento *m* Bezahlung
pagare bezahlen, einzahlen
palcoscenico *m* Bühne
palla *f* Ball
pancia *f* Bauch
pane *m* Brot
panettiere *m* Bäcker
panico *m* Panik
panificio *m* Bäckerei
panino *m* Brötchen
pantaloncini *m pl* Shorts
pantaloni *m pl* Hose
paradiso *m* Paradies
parcheggiare parken
parcheggio *m* Parkplatz
parco *m* Park
parete *f* Wand
parlare sprechen, reden
parola *f* Wort
parquet *m* Parkett
parroco *m* Pfarrer
parrucchiere *m* Friseur
parte *f* Anteil, Teil
partecipazione *f* Anteilnahme

partenza *f* Abfahrt, Abgang, Abreise, Start
partire abfahren, starten
partita *f* Partie
Pasqua *f* Ostern
passaggio *m* Durchfahrt, Gang
passaggio *m* **da un secolo all'altro** Jahrhundertwende
passanti *m pl* Passanten
passaporto *m* Pass, Reisepass
patente *f* Führerschein
patria *f* Heimat
paura *f* Angst
pausa *f* Pause
paziente *m* Patient
pazienza *f* Geduld
pedalò *m* Tretboot
pediatra *m* Kinderarzt
pedone *m* Fußgänger
pelle *f* Leder
pendio *m* Hang
pennello *m* **da barba** Rasierpinsel
pensare meinen, nachdenken
pensiero *m* Gedanke
pensionato *m* Rentner
pensione *f* Pension
pensione *f* **completa** Vollpension
Pentecoste *f* Pfingsten
pepe *m* Pfeffer

peperone *m* Paprika
pera *f* Birne
percento *m* Prozent
perdere verlieren
perdita *f* Verlust
perdonare verzeihen
perdono *m* Verzeihung
pericolo *m* Gefahr
permesso *m* Genehmigung
pernottamento *m* Übernachtung
persona *f* Person
personale *m* Personal
pesca *f* Pfirsich
pescare angeln
pesce *m* Fisch
peso *m* Gewicht
pestare treten
petto *m* Brust
piccolo klein
piacere mögen
pianista *m* Pianist
piano *m* Etage
pianoterra *m* Erdgeschoss
pianta *f* Pflanze
pianta *f* **della città** Stadtplan
piantina *f* Straßenkarte
piattaforma *f* Plattform
piatto *m* Teller
picchiare schlagen
picnic *m* Picknick
piede *m* Fuß

pietra *f* Stein
pigiare quetschen
pila *f* Taschenlampe, Batterie
pillola *f* Pille
pilota *m/f* Pilot/in
pinza *f* Zange
pioggia *f* Regen
piombo *m* Blei
piovere regnen
pipa *f* Pfeife
piroscafo *m* Dampfer
piscina *f* **coperta** Hallenbad
piscina *f* **all'aperto** Freibad
pittore *m* Maler
plastica *f* Plastik
pneumatico *m* Reifen
poesia *f* Gedicht, Poesie
poeta *m* Dichter
politico *m* Politiker
polizia *f* Polizei
poliziotto *m* Polizist
pollame *m* Geflügel
pollice *m* Daumen
polmone *m* Lunge
pomeriggio *m* Nachmittag
pompelmo *m* Grapefruit
porta *f* Tür, Tor
porta *f* **di casa** Haustür
portabagagli *m* Kofferraum
portacenere *m* Aschenbecher
portafoglio *m* Portemonnaie
portaocchiali *m* Brillenetui

portare bringen, tragen
portata *f* Reichweite
portiere *m* Portier
portinaio *m* Pförtner
porto *m* Hafen
porzione *f* Portion
posare legen, ablegen
posate *f pl* Besteck
posizione *f* Position
possibilità *f* Gelegenheit,
  Möglichkeit, Chance
posta *f* Post
posta *f* **aerea** Luftpost
postino *m* Briefträger
posto *m* Platz
potere dürfen, können
potere *m* Herrschaft
pranzo *m* Mittagessen
prato *m* Rasen
precedenza *f* Vorfahrt
prefisso *m* Vorwahl
pregare bitten
prendere ergreifen, fangen
prendere in prestito ausleihen
prenotare buchen, reservieren
prenotazione *f* Anmeldung,
  Buchung, Reservierung
preparare anrichten
presa *f* Steckdose
presentarsi sich vorstellen
presente *m* Gegenwart
preservativo *m* Kondom

pressione *f* **sanguigna**
Blutdruck
prestare leihen
presto früh
prevedere vorhersagen
prezzemolo *m* Petersilie
prezzo *m* Preis
primario *m* Chefarzt
primavera *f* Frühling
principiante *m* Anfänger
principio *m* Prinzip
problema *m* Problem
processo *m* Prozess
prodotto *m* Produkt
prodotto *m* **alimentare**
Nahrungsmittel
prodotti *m* **dietetici** Diätkost
produrre ergeben, erzeugen
produzione *f* Herstellung
professore *m* Professor
profumeria *f* Parfümerie
profumo *m* Duft
progetto *m* Plan, Projekt
prognosi *f* Prognose
programma *m* Programm
pronunciare aussprechen
proprietario *m* Besitzer
proseguimento *m* Fortsetzung
protesi *f* Prothese
protezione *f* Schutz
protezione *f* **della natura**
Naturschutz

prova *f* Beweis, Probe
provare anprobieren, beweisen,
erleben
provvigione *f* Provision
prugna *f* Pflaume
pubblico *m* Publikum
pulire reinigen, putzen
pulizia *f* Reinigung
pullman *m* Omnibus
punto *m* Punkt
puntuale rechtzeitig
puntualità *f* Pünktlichkeit
purgante *m* Abführmittel
puro rein

Q

quadrato *m* Quadrat
qualità *f* Eigenschaft,
Qualität
quarantena *f* Quarantäne
quartiere *m* Stadtteil

R

raccomandare empfehlen
radere rasieren
radio *f* Radio, Funk
raffreddore *m* Schnupfen
ragazza *f* Mädchen
ragazzo *m* Junge
raggiungere erreichen
rapporto *m* Bericht
rappresentazione *f* Aufführung

rasoio *m* Rasierapparat
rattoppare flicken
reagire reagieren
realizzare realisieren
reazione *f* Reaktion
reception *f* Rezeption
recuperare nachholen
redazione *f* Abfassung
regalo *m* Geschenk
reggiseno *m* BH
regione *f* Region
regola *f* Regel
relazione *f* Beziehung
religione *f* Religion
remare rudern
rene *m* Niere
Repubblica *f* **Federale Tedesca**
  Bundesrepublik Deutschland
respingere abweisen
respirare atmen
respiro *m* Atem
restare bleiben
restare addormentato verschlafen
rete *f* Netz
retro *m* Rückseite
ribes *m* Johannisbeere
ricchezza *f* Reichtum
ricci *m pl* Locken
ricco reich
ricerca *f* Suche, Forschung
ricetta *f* Rezept

ricevuta *f* Beleg, Quittung
richiedere (an)fordern
ricompensa *f* Belohnung
riconoscere erkennen
ricoprire bedecken
ricordare erinnern
ricordo *m* Andenken
ridere lachen
ridurre reduzieren
riduttore *m* Transformator
riferire berichten
rifiutare ablehnen
rimorchiare abschleppen
rimozione *f* Beseitigung
ringraziare danken
riparare reparieren
riparazione *f* Reparatur
riposare ruhen
riscaldamento *m* Heizung
rischio *m* Risiko
riso *m* Reis
risparmiare einsparen
rispetto *m* Respekt
rispondere (be)antworten
risposta *f* Antwort
ristorante *m* Restaurant
risultato *m* Ergebnis
ritirare abmelden, entziehen
riva *f* Ufer
rivolgere wenden, richten
rivolgere la parola ansprechen
roccia *f* Fels

romanzo *m* Roman
rosa *f* Rose
rosso rot
rotonda *f* Kreisverkehr
roulotte *f* Campingwagen
rubare stehlen
rumoroso laut
ruota *f* Rad
ruscello *m* Bach

S

sabato *m* Sonnabend
sabbia *f* Sand
sacchetto *m* **di plastica**
   Plastikbeutel
sala *f* Saal
sala *f* **d'aspetto** Wartesaal
salato gesalzen
sale *m* Salz
salire einsteigen
salita *f* Anstieg
salsa *f* Soße
salutare grüßen
salute *f* Gesundheit
saluto *m* Gruß
salvare retten
salvezza *f* Rettung
sapone *m* Seife
sauna *f* Sauna
sbucciare schälen
scadenza *f* Ablauf
scala *f* Treppe

scarpa *f* Schuh
scarpe *f pl* **da ginnastica**
   Turnschuhe
scatola *f* Packung
scendere aussteigen
schiarire aufhellen
sci *m* Ski
scodella *f* Schüssel
sconfitta *f* Niederlage
sconto *m* Ermäßigung
scottatura *f* **solare** Sonnenbrand
scuola *f* Schule
scuola *f* **di vela** Segelschule
scusa *f* Entschuldigung
scusare entschuldigen
sdoganare verzollen
sdraiarsi sich hinlegen
sdraio *f* Liegestuhl
secchio *m* **della spazzatura**
   Mülleimer
secchio *m* Eimer
secolo *m* Jahrhundert
sedia *f* Stuhl
segno *m* Zeichen, Anzeichen
segreto *m* Geheimnis
seguire folgen, mitmachen
semaforo *m* Ampel
senape *f* Senf
sentire fühlen, riechen
sentirsi bene sich wohl fühlen
senza ohne

sera *f* Abend
serpente *m* Schlange
servire bedienen
servizio *m* Bedienung
sesso *m* Geschlecht, Sex
sete *f* Durst
settembre *m* September
settimana *f* Woche
sfida *f* Herausforderung
sfondo *m* Hintergrund
sfortuna *f* Pech
shampoo *m* Haarshampoo
sigaretta *f* Zigarette
signora *f* Dame
sillabare buchstabieren
slitta *f* Schlitten
smettere aufhören
socio *m* Mitglied
soffio *m* Hauch
soggiorno *m* Aufenthalt
sognare träumen
soldi *m pl* Geld
sole *m* Sonne
solitudine *f* Einsamkeit
sorella *f* Schwester
sorgente *f* **d'acqua minerale**
    Heilquelle
sorgere *m* **del sole** Sonnen-
    aufgang
sorpresa *f* Überraschung
sorveglianza *f* Aufsicht
sorvegliare bewachen

sostenere behaupten
sottolineare betonen
sovrano *m* Herrscher
spalla *f* Schulter
sparare schießen
spavento *m* Schreck
spazzatura *f* Müll
spazzola *f* Bürste
spazzola *f* **per i capelli**
    Haarbürste
spazzolino *m* **da denti**
    Zahnbürste
specchio *m* Spiegel
spedire aufgeben, schicken
sperare hoffen
speriamo che hoffentlich
spesa *f* Aufwand
spese *f pl* Kosten
spese *f pl* **accessorie** Neben-
    kosten
spettatore *m* Zuschauer
spezie *f pl* Gewürz
spiaggia *f* Strand
spirito *m* Geist
sporcizia *f* Dreck
sport *m* Sport
sportello *m* Schalter
sposare heiraten
sposi *m pl* Ehepaar
spumante *m* Sekt
staccare abreißen, abschalten
stagione *f* Jahreszeit, Saison

stampa *f* Presse
stanza *f* Raum
stare in piedi stehen
stazione *f* Bahnhof
stazione *f* **centrale** Hauptbahnhof
stazione *f* **di servizio** Tankstelle
stella *f* Stern
stimolare anregen
stimolo *m* Reiz
stipendio *m* Gehalt
stirare bügeln
stomaco *m* Magen
storia *f* Geschichte
storico *m* Historiker
strada *f* Straße
strada *f* **a senso unico** Einbahnstraße
strada *f* **principale** Hauptstraße
strappare reißen
strisce *f pl* **pedonali** Zebrastreifen
studio *m* **medico** Praxis
successione *f* Reihenfolge
successo *m* Erfolg
succhiare saugen
succo *m* Saft
Sud *m* Süden
superficie *f* Oberfläche
svantaggio *m* Nachteil

sveglia *f* Wecker
svegliare wecken
Svizzera *f* Schweiz
svolgere abwickeln
svolgimento *m* Abwicklung
svoltare abbiegen

T

tabacco *m* Tabak
tacchina *f* Pute
tagliare schneiden
taglio *m* Abschnitt
tallone *m* Ferse
tamponamento *m* Auffahrunfall
tampone *m* Tampon
tanica *f* **di benzina** Benzinkanister
tappeto *m* Teppich
tardi spät
targa *f* Nummernschild
targhetta *f* Plakette
tariffa *f* **di prestito** Leihgebühr
tassa *f* Gebühr
tassa *f* **d'uso** Benutzungsgebühr
tassa *f* **di parcheggio** Parkgebühr
tassa *f* **postale** Porto
tavolo *m* Tisch
tazza *f* Tasse
tè *m* Tee

teatro *m* Theater
telefonare anrufen, telefonieren
telefono *m* Telefon
televisione *f* Fernseher
temperatura *f* Temperatur
tempesta *f* Sturm
tempo *m* Zeit
tempo libero *m* Freizeit
temporale *m* Gewitter
tenere behalten
tenere libero freihalten
tennis *m* Tennis
terapia *f* Therapie
termometro *m* Thermometer
terra *f* Erde
territorio *m* **nazionale** Inland
tessera *f* **del campeggio**
    Campingausweis
tessera *f* **dell'ostello**
    Herbergsausweis
testa *f* Kopf
testimone *m/f* Zeuge/Zeugin
tinta *f* Farbe
tirare ziehen
toccare berühren
togliere abziehen
tonsillite *f* Mandelentzündung
tormentare quälen
toast *m* Toast
torta *f* Kuchen
tradurre übersetzen
traffico *m* Verkehr

traffico *m* **locale** Nahverkehr
traghetto *m* Fähre
tramonto *m* Sonnenunter-
    gang
tranquillità *f* Ruhe
trappola *f* Falle
trasferimento *m* Abschiebung
trattamento *m* Behandlung
trattare behandeln
treno *m* Zug
treno *m* **con trasporto auto**
    Autoreisezug
trimestre *m* Quartal
trovare finden
tubo *m* **di scappamento**
    Auspuff
tuono *m* Donner
turista *m* Tourist
turno *m* **di notte** Nachtdienst

U

uccidere töten
ufficio *m* Amt, Büro
ufficio *m* **informazioni** Infor-
    mationsschalter, Touristen-
    information
ufficio *m* **oggetti smarriti**
    Fundbüro
ufficio *m* **postale** Postamt
umore *m* Humor
unità *f* Einheit, Einigkeit
uomo *m* Herr, Mann, Mensch

uovo *m* Ei
urgenza *f* Notfall
uscire ausgehen
uscita *f* Ausfahrt, Ausgang
uscita *f* **di sicurezza** Notausgang

V

vacanza *f* Urlaub
vaccino *m* Impfung
valigia *f* Koffer
valle *f* Tal
vedere sehen
veicolo *m* Fahrzeug
veleno *m* Gift
velocità *f* Geschwindigkeit
venire kommen
vento *m* Wind
verde grün
verbale *m* Protokoll
verdura *f* Gemüse
verificare nachsehen
verità *f* Wahrheit
via *f* Weg
viaggio *m* Fahrt, Reise
viaggio *m* **d'affari**
  Geschäftsreise
vicinanza *f* Nähe
vicinato *m* Nachbarschaft
vicino nahe
vino *m* Wein
visita *f* Besuch, Besichtigung

visitare ansehen, besichtigen,
  besuchen
visitatore *m* Besucher
viso *m* Gesicht
vista *f* Anblick, Ansicht,
  Blick
vista *f* **sul mare** Meerblick
visto *m* Einreisevisum
vita *f* Leben
vittima *f* Opfer
vivere leben
volare fliegen
volere wollen
volo *m* Flug
votare wählen

W
wc *m* WC

Z
zanzara *f* Mücke
zucchero *m* Zucker

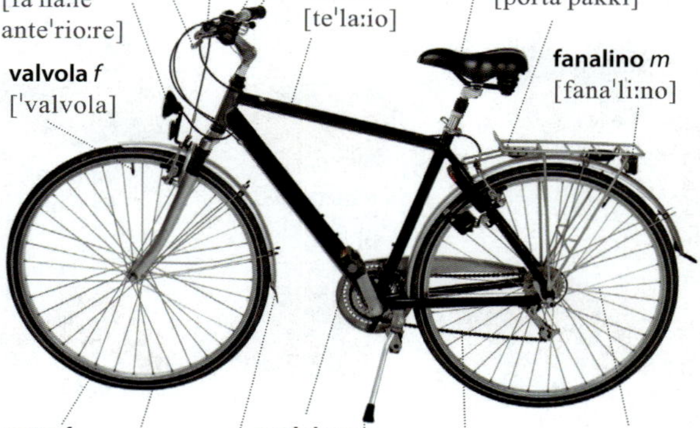
cambio *m* [ˈkambio]
manubrio *m* [maˈnuːbrio]
freno *m* [ˈfreːno]
sella *f* [ˈsɛlla]
campanello *m* [kampaˈnɛllo]
fanale *m* **anteriore** [faˈnaːle anteˈrioːre]
telaio *m* [teˈlaːio]
portapacchi *m* [portaˈpakki]
fanalino *m* [fanaˈliːno]
valvola *f* [ˈvalvola]
ruota *f* [ˈruɔːta]
pedale *m* [peˈdaːle]
raggio *m* [ˈraddʒo]
pneumatico *m* [pneuˈmaːtiko]
catena *f* [kaˈteːna]
parafango *m* [paraˈfaŋgo]
cavaletto *m* [kavalˈletto]

ananas *m*
[ˈaːnanas]

anguria *f*
[aŋˈguːria]

uva *f*
[ˈuːva]

fico *m*
[ˈfiːko]

albicocca *f*
[albiˈkɔkka]

banana *f*
[baˈnaːna]

ciliegia *f*
[tʃiˈliɛːdʒa]

noce *f*
[ˈnoːtʃe]

ribes *m*
[ˈriːbes]

melone *m*
[meˈloːne]

mela *f*
[ˈmeːla]

limone *m*
[liˈmoːne]

kiwi *m*
[ˈkiwi]

fragola *f*
[ˈfraːgola]

lampone *m*
[lamˈpoːne]

pesca *f* **noce**
[ˈpɛːska ˈnoːtʃe]

pera *f*
[ˈpeːra]

mango *m*
[ˈmaŋgo]

melograno *m*
[meloˈgraːno]

arancia *f*
[aˈrantʃa]

maracuja *f*
[maraˈkuʒa]

mandarino *m*
[mandaˈriːno]

mora *f*
[ˈmɔːra]

pesca *f*
[ˈpɛːska]

pomodoro *m*
[pomoˈdɔːro]

carciofo *m*
[karˈtʃɔːfo]

patata *f*
[paˈtaːta]

fagiolo *m*
[faˈdʒɔːlo]

peperone *m*
[pepeˈroːne]

carota *f*
[kaˈrɔːta]

melanzana *f*
[melanˈdzaːna]

zucchina *f*
[tsukˈkiːna]

zucca *f*
[ˈtsukka]

cetriolo *m*
[tʃetriˈɔːlo]

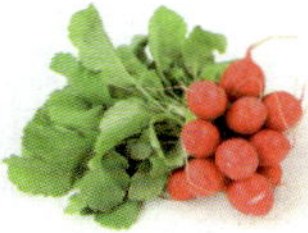

ravanello *m*
[rava'nɛllo]

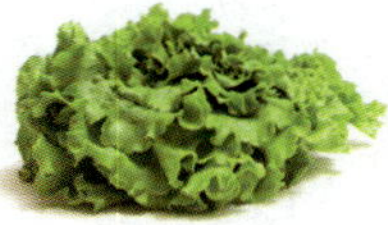

insalata *f*
[insa'laːta]

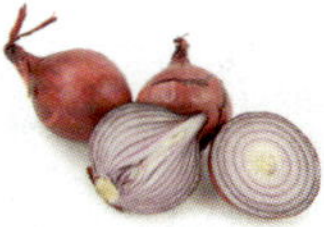

cipolla *f*
[tʃi'polla]

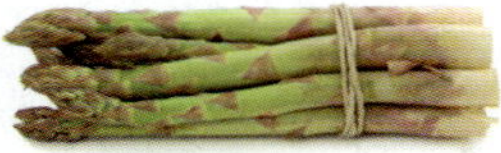

asparago *m*
[as'paːrago]

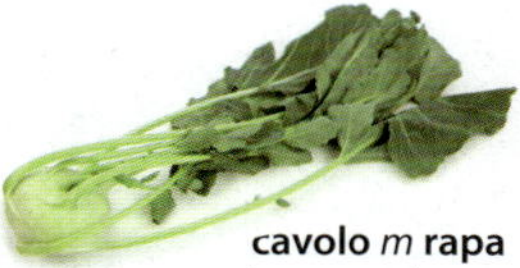

cavolo *m* **rapa**
['kaːvolo 'raːpa]

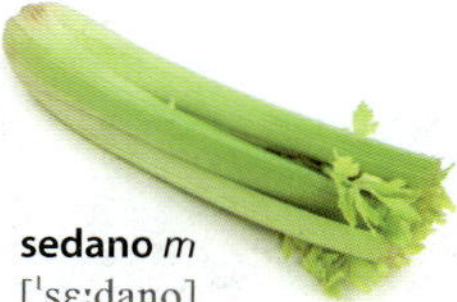

sedano *m*
['sɛːdano]

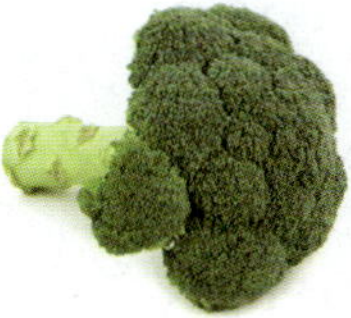

broccolo *m*
['brɔkkolo]

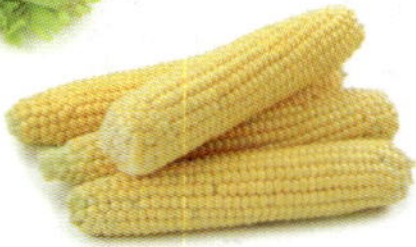

mais *m*
['maːis]

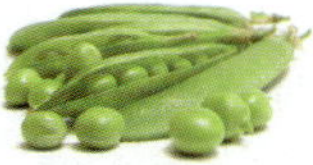

pisello *m*
[pi'sɛllo]

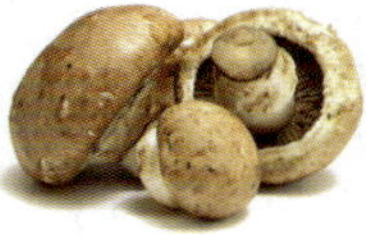

champignon *m*
[ʃapi'ɲo]

panino *m*
[pa'ni:no]

pane *m*
['pa:ne]

burro *m*
['burro]

uovo *m*
['uɔ:vo]

olio *m*
['ɔ:lio]

aceto *m*
[a'tʃe:to]

sale *m*
['sa:le]

pepe *m*
['pe:pe]

yogurt *m*
['iɔ:gurt]

pasta *f*
['pasta]

riso *m*
['ri:so]

formaggio *m*
[for'maddʒo]

salame *m*
[sa'la:me]

miele *m*
['miɛ:le]

marmellata *f*
[marmel'la:ta]

farina *f*
[fa'ri:na]

latte *m*
['latte]

zucchero *m*
['tsukkero]

carne *f*
['karne]

pesce *m*
['peʃʃe]

aragosta *f*
[ara'gosta]

gamberetto *m*
[gambe'retto]

capasanta *f*
[kapa'santa]

caffè *m*
[kafˈfɛ]

cappuccino *m*
[kapputˈtʃi:no]

cioccolata *f* **calda**
[tʃokkoˈla:ta ˈkalda]

tè *m*
[tɛ]

limonata *f*
[limoˈna:ta]

acqua *f* **minerale**
[ˈakkua mineˈra:le]

birra *f*
[ˈbirra]

cocktail *m*
[ˈkɔkteil]

succo *m* **d'arancia**
[ˈsukko daˈrantʃa]

vino *m* **rosso**
[ˈvi:no ˈrosso]

vino *m* **bianco**
[ˈvi:no ˈbiaŋko]

spumante *m*
[spuˈmante]

cucchiaio *m*
[kuk'kia:io]

forchetta *f*
[for'ketta]

coltello *m*
[kol'tɛllo]

forchettina *f*
[forket'ti:na]

cucchiaino *m*
[kukkia'i:no]

piatto *m* **fondo**
['piatto 'fondo]

piatto *m*
['piatto]

piattino *m* **da dolce**
[piat'ti:no da 'doltʃe]

tazza *f* **da caffè**
['tattsa da kaf'fɛ]

bicchiere *m* **da vino**
[bik'kiɛ:re da 'vi:no]

bicchiere *m*
[bik'kiɛ:re]

maglietta *f*
[maʎˈʎetta]

camicetta *f*
[kamiˈtʃetta]

camicia *f*
[kaˈmiːtʃa]

maglione *m*
[maʎˈʎoːne]

vestito *m*
[vesˈtiːto]

gonna *f*
[ˈgonna]

pantaloni *m pl*
[pantaˈloːni]

jeans *m pl*
[dʒiːnz]

giacca *f*
[ˈdʒakka]

cappotto *m*
[kap'pɔtto]

costume *m* **da bagno**
[kos'tu:me da 'baɲɲo]

bikini *m*
[bi'ki:ni]

cintura *f* [tʃin'tu:ra]

calzino *m*
[kal'tsi:no]

cappello *m*
[kap'pɛllo]

cravatta *f*
[kra'vatta]

scarpe *f pl*
['skarpe]

sandali *m pl*
['sandali]

stivali *m pl*
[sti'va:li]

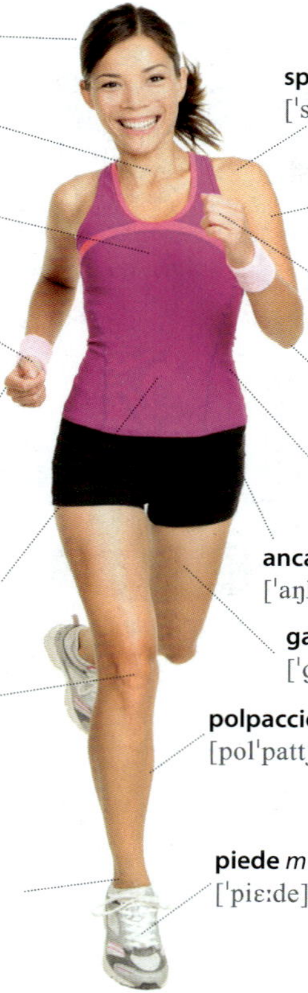

testa *f*
['tɛsta]

gola *f*
['go:la]

petto *m*
['pɛtto]

polso *m*
['polso]

mano *f*
['ma:no]

pancia *f*
['pantʃa]

ginocchio *m*
[dʒi'nɔkkio]

caviglia *f*
[ka'viʎʎa]

spalla *f*
['spalla]

braccio *m*
['brattʃo]

dito *m*
['di:to]

gomito *m*
['go:mito]

vita *f*
['vi:ta]

anca *f*
['aŋka]

gamba *f*
['gamba]

polpaccio *m*
[pol'pattʃo]

piede *m*
['piɛ:de]

capello *m*
[ka'pello]

sopracciglio *m*
[soprat'tʃiʎʎo]

occhio *m*
['ɔkkio]

fronte *f*
['fronte]

ciglio *m*
['tʃiʎʎo]

naso *m*
['naːso]

orecchio *m*
[o'rekkio]

guancia *f*
['guantʃa]

palpebra *f*
['palpebra]

dente *m*
['dɛnte]

mento *m*
['mento]

labbro *m*
['labbro]

gatto *m*
[ˈgatto]

cavallo *m*
[kaˈvallo]

coniglio *m*
[koˈniʎʎo]

gallina *f*
[galˈliːna]

gallo *m*
[ˈgallo]

anatra *f*
[ˈaːnatra]

topo *m*
[ˈtɔːpo]

riccio *m*
[ˈrittʃo]

piccione *m*
[pitˈtʃoːne]

pecora *f*
[ˈpɛːkora]

maiale *m*
[maˈiaːle]

cane *m*
[ˈkaːne]

mucca *f*
[ˈmukka]

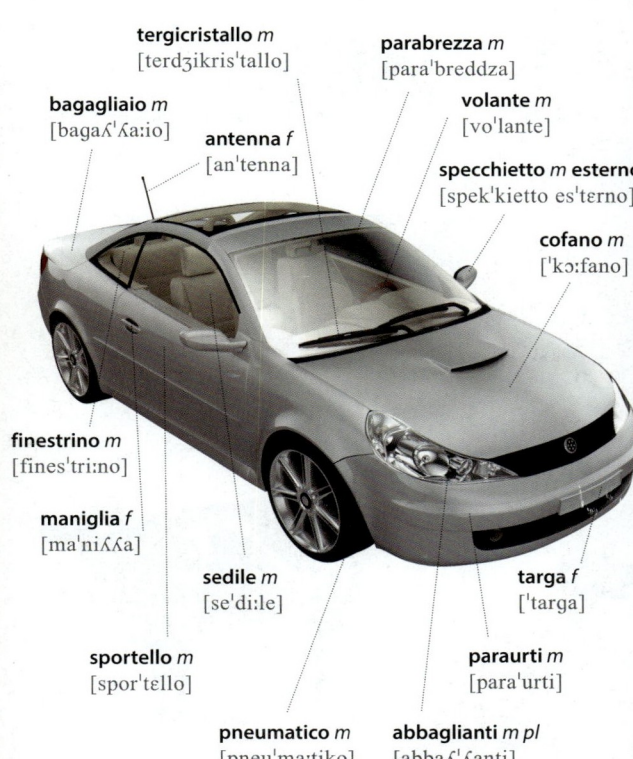

tergicristallo *m*
[terdʒikris'tallo]

parabrezza *m*
[para'breddza]

bagagliaio *m*
[bagaʎ'ʎa:io]

volante *m*
[vo'lante]

antenna *f*
[an'tenna]

specchietto *m* **esterno**
[spek'kietto es'terno]

cofano *m*
['kɔ:fano]

finestrino *m*
[fines'tri:no]

maniglia *f*
[ma'niʎʎa]

sedile *m*
[se'di:le]

targa *f*
['targa]

sportello *m*
[spor'tello]

paraurti *m*
[para'urti]

pneumatico *m*
[pneu'ma:tiko]

abbaglianti *m pl*
[abbaʎ'ʎanti]